长赢投资术

日本长寿交易员自述 68 年投资之道

［日］
藤本茂

——

著

宋 刚

——

译

机械工业出版社
CHINA MACHINE PRESS

图书在版编目（CIP）数据

长赢投资术：日本长寿交易员自述 68 年投资之道 / (日) 藤本茂著；宋刚，张书瑜译 . -- 北京：机械工业出版社, 2025. 6. -- ISBN 978-7-111-77912-4

I. F830.59

中国国家版本馆 CIP 数据核字第 2025CH9683 号

机械工业出版社（北京市百万庄大街 22 号　邮政编码 100037）

策划编辑：顾　煦　　　　　　　　责任编辑：顾　煦　牛汉原
责任校对：王　捷　李可意　景　飞　责任印制：常天培
北京联兴盛业印刷股份有限公司印刷

2025 年 6 月第 1 版第 1 次印刷

147mm×210mm · 8.375 印张 · 1 插页 · 124 千字

标准书号：ISBN 978-7-111-77912-4

定价：69.00 元

电话服务　　　　　　　　　　网络服务

客服电话：010-88361066　　　机 工 官 网：www.cmpbook.com
　　　　　010-88379833　　　机 工 官 博：weibo.com/cmp1952
　　　　　010-68326294　　　金 书 网：www.golden-book.com
封底无防伪标均为盗版　　机工教育服务网：www.cmpedu.com

全部公开！87 岁现役交易员茂先生某一天的交易

时间	股票（证券代码）	股数	操作	已实现损益
5:15	信越化学工业（4063）	500 股	信用买入	
5:45	小野健（7414）	1 000 股	偿还买入	
8:16	日本电产（6594）	1 100 股	信用买入	
8:45	G-Tekt 汽车用品（5970）	1 000 股	信用买入	
8:50	东海 Soft（4430）	1 000 股	偿还卖出	
8:51	日本精机（7287）	2 000 股	信用买入	
8:52	TAKISAWA（6121）	3 000 股	信用买入	
9:03	信越化学工业（4063）	1 000 股	成交	
9:07	Prime Strategy（5250）	1 000 股	偿还卖出	
9:08	Miraial（4238）	1 000 股	新买 / 成交	
9:10	岩井 Cosmo 控股（8707）	1 000 股	偿还买入	
9:12	珊华科技（8137）	500 股	信用买入	
9:16	KPP 纸业（9274）	3 000 股	信用买入	
9:17	G-Tekt 汽车用品（5970）	1 000 股	成交	
9:22	白井电子工业（6658）	2 000 股	信用买入	
9:24			成交	
9:29	岩井 Cosmo 控股（8707）	1 000 股	成交	37 800 日元
9:33	东海 Soft（4430）	2 000 股	信用买入	
9:38	TAKISAWA（6121）	3 000 股	偿还卖出	

（续）

时间	股票（证券代码）	股数	操作	已实现损益
			部分成交（1 000 股）	
9:44	QD Laser（6613）	3 000 股	信用买入/部分成交	
10:17	和井田制作所（6158）	600 股	成交	
10:21	QD Laser（6613）	1 300 股	偿还卖出	
10:24			成交	24 624 日元
10:26	Miraial（4238）	1 000 股	偿还卖出	
10:32			成交	17 887 日元
10:37	珊华科技（8137）	500 股	信用卖出（修改）	
10:40	白井电子工业（6658）	3 000 股	信用买入/成交	
10:46	信越化学工业（4063）	2 000 股	信用买入	
10:56			成交	
10:57	珊华科技（8137）	500 股	成交	
12:39	Ridge-i（5572）	1 000 股	信用买入	
12:41	香陵住贩（3495）	700 股	现货卖出	
12:43	Ridge-i（5572）	1 000 股	成交	
13:39	岩井 Cosmo 控股（8707）	2 000 股	新卖	
14:00		1 700 股	部分成交	105 400 日元
14:10		300 股	成交	18 600 日元
14:13	珊华科技（8137）	1 000 股	信用买入	

（续）

时间	股票（证券代码）	股数	操作	已实现损益
14:22	香陵住贩（3495）	500 股	部分成交	21 500 日元
14:35	岩井 Cosmo 控股（8707）	2 000 股	新卖	
14:43	信越化学工业（4063）	1 000 股	信用买入	
14:45			成交	
14:59	Prime Strategy（5250）	1 000 股	成交	61 720 日元

胜负在凌晨 2 点拉开帷幕，87 岁，现役交易员茂先生的一天

时间	2:00	4:00	4:20	5:00	6:00	7:00	8:00
所做的事情	起床、喝咖啡 打开市场经济专业频道"日经CNBC" 查看美国股市	阅读日本经济新闻	查看昨日交易记录	（美国夏令时期间）美国期货交易结束	查看日本期货交易 吃早餐	散步	查看股票买卖盘

9:00	11:30	11:50	12:30	15:00	随时	20:00
股票市场前场开始	前场结束将交易记录记到笔记本上	吃午饭	股票市场后场开始	后场结束在笔记本上记录反思今天的交易	吃轻食洗澡	就寝

87岁，现役交易员茂先生的经验谈

藤本茂

1936年，我出生于日本兵库县一个贫穷的农家，是四个孩子中最小的。

高中毕业后，我进入宠物店工作。

在那里，我和一位证券公司的董事开始聊起了股票。

然后在19岁的时候，我买了三只股票，开启了股票投资的生涯。

自那时起已经过去了68年，我经历了日本经济高速增长、黑色星期一、泡沫经济崩溃、阪神大地震、雷曼危机、东日本大地震、新冠疫情……我目睹了时代的变迁和危机。

在电视和杂志上，我有时会被称为『日本的巴菲特』。

泡沫经济崩溃后，我原本10亿日元的资产缩水到了2亿日元。

尽管如此，我能将资产积累至10亿日元，虽然亏损了，但仍保有2亿日元的资产，我对泡沫经济还是心存感激的。

如今我已 87 岁高龄，资产已增至 18 亿日元，每月进行 6 亿日元的交易额，作为现役日间交易员，我每天都在挑战市场。

赚钱是次要的，我每天凌晨 2 点就起床思考股票的事情，因为我乐在其中。

我从没想过自己会写书，但既然写了，还是希望能对各位读者有所帮助。

所以，从日常生活到投资方法，我将毫无保留地分享我的全部。

时间紧迫，别发呆了。

日间交易也是一种终极的『脑力锻炼』。

87 岁现役日间交易员·茂派

5 个投资术

①凌晨 2 点起床，挑选要买卖的股票

每天凌晨 2 点起床，关注经济新闻、美国股票市场和期货等的动向。挑选出利好消息的个别股票，作为"今日买卖候选"。

②通过图表和决算预测股票的走势

通过图表和决算预测"今日买卖候选"股票的走势。利用蜡烛图、相对强弱指数（RSI）、指数平滑移动平均线（MACD）等技术分析方法，判断是卖出时机还是买入时机，并通过决算信息判断"今后股价是否有望上涨"。

③以指定价格进行信用交易委托

在股市开盘前，对看好的股票以指定价格下单。从上午 9 点市场开盘到 10 点是股价波动最快、订单数量最多的时间段。买卖时应尽可能利用"信用交易"。

④即使涨幅较小也可以获得收益

不追求在一次交易中就获得巨额利润。即使股价只上涨 5 日元，卖出 5 000 股也能获得 2.5 万日元的收益。通过观察图表和买卖盘的厚度（订单数量），不错过买入和卖出的时机。

⑤记录当天的交易并进行反思

在收盘后，将当天的所有交易记录在笔记本上。反思每一笔交易是否在适当的时机进行了买卖，并将这些反思应用于下一次交易。

87 岁现役日间交易员·茂派

找到"赚钱的股票"的 6 个要点

在决算中应该关注的要点

①是否实现了增收、增益？
即使是日间交易，企业是否能够长期发展也很重要。

②分红是否增加，或者是否有增加分红的可能？
"增加分红"是企业业绩良好且重视股东的证明。

③市盈率（PER）和市净率（PBR）是否较低？
PER 15 倍以下、PBR 1 倍以下是一个基础的参考标准。

在图表中应关注的要点

④蜡烛图中是否有"买入时机"和"卖出时机"？
通过巧妙地使用"5 分钟图""日图"和"周图"来判断价格走势。

⑤ RSI 的数值是否处于"超卖"或"超买"的区域？
RSI 低于 30 时买入、高于 70 时卖出是基本原则。

⑥交易是否活跃？
为了实现"想买的时候就能买入""想卖的时候就能卖出"，这需要一定规模的成交量。

序言

87 岁现役日间交易员

我出生于 1936 年，是一位在 2023 年迎来 87 岁高龄的现役日间交易员。

我在 19 岁的时候开始做投资，所以我已经有 68 年的投资经历了。不过，说这个并不是为了炫耀我的投资经历。我只是因为热爱而投资股票，不知不觉间就积累了这么多年的经验。

关于投资本身，我也从不认为自己有资格谈论什么。只是编辑跟我说："茂先生的生活方式、投资方法很吸引人。希望您能跟大家分享一下您在 68 年间投资生涯中所领悟到的东西。"

回顾这 68 年，时代确实发生了巨大的变化。从贫困时代，到经济高速增长、泡沫经济崩溃、失去的 30 年……这一切我都目睹了，并通过股票不断感受着。

我自己的人生也有过起起落落。从 1986 年左右开始，我不再工作，专注于投资，但在泡沫经济崩溃后，因为资金减少，有一段时间我几乎没有进行任何投资行为。

此外，居住在神户市的我，亲历了阪神大地震。真正重新开始股票交易是从 2002 年开始进行网络交易。

在泡沫经济时期，我的资产从 10 亿日元减少到 2 亿日元，但通过每天持续进行日间交易，现在的资产增加到了 18 亿日元左右。每月的交易金额约为 6 亿日元。

虽然有人称赞我"真厉害"，但对我来说，这还远远不够。我的生活几乎是围绕着股票转的，考虑到我付出的努力，即使是 18 亿日元也不足以回报。所以，我还不能就这样死去。

想必有很多人是因为"想赚钱"而进行投资。现在日本政府也在采取各种措施，鼓励国民将存款用于投资。

然而，我进行投资并不是因为想赚钱。我之所以能够坚持到现在，完全是因为"我喜欢股票"。

当然，我并不否认我有想要增加财富的想法。只是既然要投资，还是得乐在其中才好。

正是因为我先有了"喜欢投资"的心情，才会在各种尝试和错误中继续挑战，财富也才会随之而来。

我并不认为自己做了什么特别的事情。近年来，电视、杂志、网络媒体等来采访我的人络绎不绝，我甚至还受到了海外媒体的采访。但我只是在做我应该做的事情，至于为什么会被采访，我至今仍想不明白。

我想，可能只是因为一个老头子在网上交易股票这件事比较稀奇吧。

买入下跌的股票，卖出上涨的股票。我所做的，仅仅是这些而已。因为无论在 68 年前、现在，还是 100 年后，这都是不会改变的投资真理。

当他们问我要不要试着出版一本书时，我最初回答说："我写不了书，没人会买的。"尽管如此，对方还是说："哪有 87 岁还在做日间交易的人。您的经历真的很有趣，请把您的经验分享给大家。"于是，我便提笔写下了这本书。

我唯一能自豪地告诉大家的是，这本书毫无保留地展示了我的全部。

许多通过股票赚钱的人并不愿意承认"自己在赚钱"。

他们往往使用假名或以匿名示人，而且很多时候，他们发言往往是为了获取利益，同时也会隐瞒自己的失败。

　　而我，既不想美化自己，也不会隐瞒任何事情。因此，我把我的投资方法甚至是日常生活都如实写了下来。

　　无论是"从未进行过投资"的人，还是"虽然有投资但一直未能取得成果"的人，我相信在这本书中总有一些内容可以供大家参考。

　　投资真是既深奥又有趣。而且，如果你有兴趣尝试，年龄并不是问题。

　　读完这本书，如果能使稍微多一些人开始认为"投资好像很有趣""我也想更努力试试看"的话，我觉得没有比这更令人高兴的事了。

　　请各位务必读到最后。

目录

| 第四部分 | 涨则卖，跌则买 　／167

PART

1

第一部分

19 岁开始投资，至今已有 68 年

贫困的童年生活

我，藤本茂，于 1936 年 4 月 2 日出生于日本兵库县印南郡阿弥陀村（现为高砂市阿弥陀镇），是家中四个孩子里最小的。

实际上我是 3 月 28 日出生的，但因为当地有人说"早产儿不吉利"，所以在户籍上被登记为 4 月 2 日出生。过去竟然还可以这样操作。

我有一个比我大 9 岁的姐姐，接下来是大 6 岁的哥哥，然后是大 3 岁的姐姐，最后是我。

在我们那个年代，兄弟姐妹之间互相照顾是理所当然的，特别是最大的姐姐，因为比我大 9 岁，所以对我格外疼爱。如今，哥哥姐姐都已经离世，只剩下我一个人了……

我的家庭绝非富裕。老家在农村，拥有大约四反的农田，主要种植稻米。一反相当于 300 坪[⊖]，可能听起来面积不小，

⊖   1 坪约为 3.3 平方米。

但对于专业农户来说，并不算特别大。

有句谚语说："五反百姓无出无入"（拥有五反农田的农民，既存不下钱也不至于负债），所以只拥有四反农田的生活相当艰难。

即使是现在，一反农田能收获600公斤稻米就已经很不错了。超市里，即使品牌不同，5公斤大米的售价也都在2 000日元左右。这样算来，一反农田的收入只有24万日元，四反农田加起来也不到100万日元。

这只是零售价格，扣除中间商的利润后，农民的收入微乎其微。

再加上农具和肥料等费用，农民的收入更是所剩无几。在这样的情况下，家里还有四个孩子，生活自然不富裕。

当时，说起"肉"，指的都是鸡肉。牛肉什么的，太贵了，根本吃不起。

包括我家在内，周围许多农家都养了鸡。这是因为农作业过程中产生的大量蔬菜残渣和糠可以作为鸡的饲料。

鸡可以下蛋，然后我们吃那些蛋。当鸡不能再下蛋时，就将其宰杀食用。当时，连"鸡肉火锅"都是一种奢侈品。

直到现在，我都没有特别奢侈的欲望，我想是因为当时的记忆深深地留在了心中。

那个时代，即使上了高中，能上大学的也只有班上那么一两个人。我也没有上过大学。

幸运的是，家里让我上了高中。毕业后，我通过大姐夫的推荐，最终在一家宠物店找到了工作。

大姐夫是税务师，他曾给那家宠物店当过顾问。他也曾邀请我，说："要不要来我们税务师事务所工作？"但我不喜欢那种死板的工作，所以拒绝了。

因为早早便决定了在宠物店工作，所以我在高中时并没有怎么努力学习。

在宠物店与股票相遇

我工作的宠物店位于神户市中央区，就在国铁（现 JR）元町站附近。

来过神户街区的人应该知道，提到神户的代表性百货商店，那无疑是大丸百货。宠物店就在大丸百货的旁边，这是一块黄金地段，相当于横滨的中华街，是"南京町"的入口。顺便说一下，当时宠物店所在的地方，现在已经变成了一家甜品店。

现在的南京町已经成为著名的旅游景点，但 20 世纪 50 年代我还在宠物店工作的时候，那里还没有从第二次世界大战的神户大空袭所遭受的毁灭性打击中恢复过来，到处都是为神户港的船员开设的酒吧，是一个充斥着颓废气息的地方。

宠物店出售的动物，大多是船员从国外带回来卖给我们的。放到现在，这完全是违法行为，但在当时却是很平常的事情。

我开始接触股票，是因为那家宠物店有一位顾客在证券公司工作。这位顾客是石野证券（现为三井住友银行）的董事，他来买金丝雀的饲料，在闲聊中，我听到了很多关于股票的事情，渐渐地产生了"自己也想试试"的想法。

我原本就喜欢收集稀有的硬币，对日本经济也有些兴趣，所以感觉这位顾客说的事情似乎很吸引我。而且，喜欢动物的通常都不会是坏人吧。

后来，我去了石野证券，开始购买股票。当时，企业融资的手段主要是从银行贷款，所以股票市场并不活跃，在我的印象中，以个人为单位进行股票交易的人在当时并不多见。

至少，不像现在这样有这么多的个人投资者。

我第一次购买的股票是"早川电机（现为夏普）""日本石油（现为新日本石油）"和"大隈铁工所（现为大隈机械）"。

具体的细节已经记不清了，没记错的话，当时的早川电机已经正式开始大规模生产电视机，并提出了"向综合家电制造商发展"的口号。

虽然当时感觉早川电机一定会发展壮大，但对于在这一股中"赚了多少钱"或"什么时候卖掉的",我完全没有印象。

即使是最近刚买的股票也一样。交易刚结束时,我肯定会反思这次交易是好是坏,一旦反思结束,就没有必要再记住这些信息了。

那些记得"赚了多少钱"的人,往往也会执着于"亏了多少钱"。沉湎于过去的事情,大多数情况下并没有什么好处。

为了能够持续进行投资,无论成功还是失败,不过分纠结于过去,也是重要的秘诀之一。

此外,就算我还记得当时卖掉早川电机股票时的价格,由于货币价值不同,现在比较起来也没有意义。

在日本银行(日银)的官网上,可以比较 1965 年和 2022 年 1 万日元的价值。根据企业物价指数,1965 年的 1 万日元相当于现在的 2.3 万日元。而从消费者物价指数来看,竟然高达 4.3 万日元。也就是说,当时用 1 万日元能买到的东西,现在需要 4.3 万日元才能买到。

我刚开始投资是在 1955 年左右,比 1965 年更早,因此与现在的物价指数相比,差距更大。

我刚开始炒股时，交易是通过证券公司人员在交易所的交易厅打手势完成的。这就是所谓的"场内交易"方式。

对于那些只通过网络进行证券交易的年轻人来说，可能有点难以置信吧。据说在 1970 年前后，仅东京证券交易所内交易厅的工作人员就有大约 2 000 人。

那个时候，能切实感受到证券市场的活跃。

交易厅内可以看到很多有个性的手势。在传达股票名称时，如果是日本电信电话（NTT），就会做出"打电话的动作"；如果是丰田汽车，就会先用一只手写出片假名的"卜"，然后做出双手握住方向盘的动作。

之后，用手势表示"买入"或"卖出"的信号以及股票数量和价格的数字。他们竟然能通过这种方式准确无误地完成交易，真是了不起。

场内交易在 1999 年就被废止，现在已经看不到那样的场景了。真想再看一下那时的景象啊。

经营麻将馆月收入 200 万日元

我喜欢动物，宠物店的工作本身是很有趣的，我不满意的一点是工资太低了。

当时，和我一样高中毕业后开始工作的同学，起薪大约是 14 000 日元，而我的工资却只有区区 5 000 日元。而且，通勤费还要自己承担。

当时，每个月通勤大约要花费 1 500 日元，扣掉之后只剩下 3 500 日元。我真的很羡慕那些工资在 1 万日元以上的同龄人。

因此，大约一年后我辞去了宠物店的工作，虽然当时我才 20 岁，但我租下了 JR 神户站附近的一个店铺，开始独立创业。之后，我努力攒钱，买下了土地和房子，开了一家大约 8 坪的宠物店。

创业初期，因为想节省通勤费，我经常在店里过夜。生意渐渐稳定下来后，我结婚了。

就这样独立创业了 15 年，大约在 1970 年的某一天，因为 JR 神户站周边要开始进行城市开发，有人来找我，问我愿不愿意"把宠物店的土地卖给他们"。

他们说愿意以土地估价的 3 倍约 1 500 万日元来购买，于是我非常高兴地把土地卖掉了。

正好宠物热潮也逐渐降温，这个提议对我来说也是"及时雨"。我记得周围当时大约有 7 家店铺都同意出售土地。现在那块土地上，已经建起了一座雄伟的大楼。

此外，除了土地费用，我还从神户市获得了营业补偿等。似乎还有些经营者会动歪脑筋，虚报员工人数来申请补偿。

我并没有做那种坏事，但也确实意外地得到了一大笔钱。之后的几年里，我几乎没怎么工作。

过了一段时间，我心想"差不多该开始工作了吧"，于是用剩下的钱开了一家麻将馆。

我原本就喜欢打麻将，有一天听到哥哥的朋友嘀咕说"想开个咖啡店或麻将馆"，我灵机一动，心想"就做这个"。

我开的麻将馆就在神户的 JR 摄津本山站旁边。虽然店铺早已不在，但现在从车站的月台还能看到那个地方，每次坐电车时我都会忍不住看一眼。

当时那周围只有我这一家麻将馆，所以不存在被抢客的情况。

当时正是"拼命三郎员工"这个词盛行的时代，上班族经常加班。因此，有很多错过末班车的客人都会来我店里。

也有不少人觉得"麻将馆离公司近，比起回家不如在这里打麻将"，然后通宵打麻将，到时候直接去上班。

而且，甲南大学⊖就在附近。甲南大学的前身是接收公司老板和贵族的子女的旧制七年制高中，有很多富裕的学生。

此外，当时的娱乐项目与现在简直无法相提并论。我猜甲南大学的学生一定会来玩，结果猜得非常准确。至今我还能回忆起那些学生的面孔和名字。

这样看来，我觉得现在的年轻学生比过去要认真得多。他们不再像以前那样明目张胆地玩乐了。

⊖　日本兵库县私立综合性大学。——译者注

我现在偶尔还会想："他们现在在做什么呢？"他们可能做梦也想不到，当年麻将馆的老板如今因为炒股出名了。

总之，麻将馆白天有大学生，晚上有上班族，光顾的人络绎不绝，生意比预想的还要兴隆。

最初只经营一家店铺，但客人多得容纳不下了，于是我在步行就能到达的地方又开了两家分店。

店铺是 24 小时营业的。三家店铺总共有 47 张麻将桌，员工也有十几个。在个人经营的麻将馆中，规模算是相当大的了。

麻将桌上缺人时，店主亲自上阵的情况也不少见，但我实在没有体力支撑 24 小时营业，我自己主要专注于接待客人。

我清楚地记得，当时还没有便利店，为了那些喊着"肚子饿了"的客人，我和妻子经常去附近的餐饮店买炒面或大阪烧。

现在已经过了法律追诉时效，我可以开诚布公了，"24 小时营业"实际上是违法的。但是，我和派出所的警察关系很好，那个时代对 24 小时营业也是默认睁一只眼闭一只眼的。

现在的话，恐怕不太行了吧。

开麻将馆需要购买一定的设备，所以一开始并没有赚到很多钱，但承蒙许多常客的厚爱，我当时最高月收入大约有200 万日元。

我真是遇到了不少好机会。

沉迷于可转换债券，成为专业投资者

虽然麻将馆的经营很顺利，但在 1986 年我决定将其转让出去。做出这一决定的契机，是因为"可转换债券"。

虽然我 19 岁就开始投资股票，但并没有将大量资金投入到股票中。

麻将馆的经营使我很繁忙，我就像普通工薪阶层一样，用闲钱进行投资。

但是我的投资对手、一位中国投资者向我介绍了可转换债券，我感觉"这好像很有趣"。

简而言之，可转换债券就是"如果偿还就是公司债券，中途转换就变成股票"。如果股价上涨就能获利，即使下跌也会按面值偿还，因此其特点是风险较低。

可转换债券可能是一个不起眼的存在，但它也曾是金钱游戏的主角。

如果是股票，当持有上市公司股票超过总股数 5% 时，你有义务在报告义务发生日的次日起 5 日内（不包括周六日和节假日）提交"大量持有报告书"。

然而，由于可转换债券不是股票，无论持有多少都不会触及这个"5% 规则"。

利用这一漏洞的就是被称为"有发言权的股东"的村上世彰领导的"村上基金"。2005 年，村上基金秘密收购了阪神电气铁路（阪神电铁）的可转换债券。

村上基金看中了该公司持有的"大量不动产""阪神老虎队"和"广阔的铁路网络"，认为该公司的股价还会继续上涨。

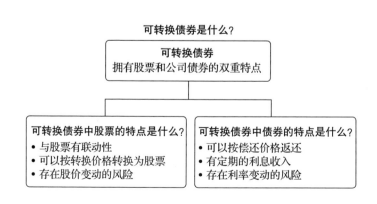

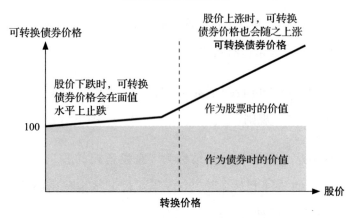

可转换债券价格是什么？

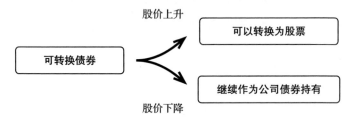

可转换债券在哪些方面吸引投资者？

在村上基金大量购买股票的消息曝光之前，阪神电铁的股价一直处于低于转换价格的状态。村上基金以高于市场价格的水平，收购了超过整体 70% 的可转换债券，并一举将其转换为股票。

阪神电铁的应对措施落后一步，最终不得不与阪急控股

（现为阪急阪神控股）进行经营整合。对村上基金的领导人村上先生的评价众说纷纭，但我认为他无疑是个天才。

而且，我认为只有了解可转换债券的人才能体会到这一事件的有趣之处。

此外，我觉得通过将可转换债券转换为股票所产生的"散股"，是很有吸引力的。公司可以按当天的收盘价回购这些散股。

根据我的回忆，当时有大约 2 000 种可以从债券转换为股票的可转换债券。我认为这是个赚钱的好机会，于是开始转投于此。

然而股票这种东西，本金的多少决定了一切。将 100 万日元投入股市，即使涨到十倍，也只能变成 1 000 万日元。

当我决定投资可转换债券时，我并不满足于如此微不足道的成果。

于是，考虑"如何筹集资金"时，我想起一位经常让我把店铺卖给他的常客。

由于麻将馆的客人非常多，有人表示"无论如何都想要"。因此，我决定一次性以 6 500 万日元的价格出售 3 家麻将馆。

资产 10 亿日元因泡沫经济崩溃骤减至 2 亿日元

　　1986 年，我卖掉了麻将馆，成为一名专业投资者。在那之后不久，泡沫经济就开始了。

　　1985 年约为 1.3 万日元的日经平均股价，在 1987 年达到了 2 万日元，1988 年超过了 3 万日元，1989 年更是创下了历史最高值，达到 38 915 日元。正是在这个时期，我成为专业投资者，乘上了"泡沫的浪潮"，资产迅速增加。

　　然而，在这期间，并非只有经济繁荣的好消息。1987 年10 月，"黑色星期一"爆发。黑色星期一指的是全球主要市场股价暴跌的事件。

　　在次日的周二，日经平均股价比前一天下跌了 3 836.48 日元，所有股票都陷入了跌停的状态。我让妻子去大阪的证券公司，尽可能地卖出股票，但交易并未被接受。

　　当时的事情我至今记忆犹新，但确实无计可施。

　　不过，到周三股价回升了 2 000 日元以上，半年后股价恢复，市场再次回到了泡沫经济时期的行情。现在回头看来，果然泡沫经济时期的股价是不正常的。很多企业的股价被高估，超出了其实际价值。

　　然而，身处其中时，很难察觉到"不对劲"。毕竟，泡沫经济这种东西，往往是在事后回顾时，作为结果才能明白的。我自己也没能察觉到泡沫破裂的前兆。

　　市场崩溃往往是一瞬间的事情。当你还在疑惑"怎么回事"的时候，股价已经在不断下跌。在泡沫经济顶峰时期，我拥有约 10 亿日元的资产，但在泡沫破裂时，资产骤降到了约 2 亿日元。

　　我早已做好了市场会有波动的准备，虽然并没有受到无法承受的打击，但那段时间确实无法全身心投入到投资中。

　　毕竟原本有 10 亿日元，一下子减少到 2 亿日元，只剩五分之一……在这种情况下，与市场抗衡只会输。所以，我暂时按兵不动。

　　当时我本能地认为"现金还是要留一些的"，所以在泡沫经济崩溃时，能够留下一些现金算是幸运的。

有一些投资者退出了市场，再也没回到股市。尽管资产大幅减少，但我还有 2 亿日元，即使不工作也能生活。之后，我一边投资，一边到处游玩。我和妻子还去了瑞士。

然而，泡沫经济崩溃的创伤尚未愈合，我又遭遇了更大的打击，那就是阪神大地震。1995 年 1 月，神户遭到了最大震度为 7[⊖]的强烈地震袭击。6 434 人因此丧生，其中我居住的神户市东滩区遭受了最严重的损失。

当时，我住在公寓的 1 楼。虽然我已经把麻将馆转让出去了，但我还是很喜欢打麻将，所以前一天晚上也去打了麻将，回来后像往常一样睡觉。

在早晨 5 点 46 分左右，我在床上被猛地震醒，紧接着大地剧烈摇晃，转眼间玄关就被压垮了。

在阪神大地震中，公寓和大楼的 1 楼倒塌或受损的情况很多，而一旦玄关被压垮，逃生的地方就只剩下面向阳台的窗户了。"赶紧逃！"我什么也顾不上拿，就和妻子从窗户逃了出来。

⊖ 日本气象厅震度阶级是日本采用的地震度量，以"震度"表示地震的烈度，是日本独有的度量，分为"0~4、5 弱、5 强、6 弱、6 强、7"十个阶级。人们对震度 0 无感，震度 1 至震度 3 对人们没有危害，而震度 4 以上的摇晃会对人们造成危险，震度 7 已经是毁灭。——译者注我们只穿着睡衣，光着脚在清晨的神户街头行走。途中，有好心人看不过去，给了我们两双拖鞋，那种经历我再也不想体验了。

至于震前家里的物品，也只剩下一个闹钟。我当时一直在笔记本上记录股票的买卖情况也全部丢失了。

短短五年内，我经历了泡沫经济崩溃和阪神大地震，可能是别人一生都无法体会的逆境。

此外，一位一直很照顾我的菱光证券（现摩根士丹利证券）的员工也不幸在震中遇难。真是令人心痛。

此后的一段时间里，我对股票提不起兴趣，这是一个很大的原因。

我住的公寓被拆除，地震后两年，我买下了在同一块土地上新建的公寓。虽然购买土地部分的钱在震后返还了，但建筑物的钱是另算的，损失很大。

虽然并不是特别豪华或宽敞，只是一间普通公寓，但由于靠近车站、公园和河流，地理位置让我很满意，所以我和妻子至今仍住在这里。

66 岁购买电脑开始进行网络交易

我曾一度远离投资，但在 2002 年，我重新开始了正式的投资。原因是我遇到了从我开始投资起便无法想象的便利的"互联网交易"。

股市发生了巨大的变化。20 世纪 70 年代，东京证券交易所的股票价格显示从手写变成了电子显示屏，证券公司也开始引入"QUICK"系统，通过大型显示屏展示日本国内外金融信息。

投资者为了 QUICK，争先恐后地涌向证券公司。我也清楚地记得，为了确认 QUICK 的信息，我频繁地前往位于 JR 元町站附近的菱光证券。

当时只能通过柜台或电话进行买卖委托，1990 年东京证券交易所引入计算机后，计算机交易开始逐渐普及。我目睹了这一变迁。

1998 年松井证券的服务让个人投资者能够正式通过互联网购买股票。我是在 2002 年，也就是 66 岁的时候才开始的，但在那时也算早的了。

实际上，在开始网络交易之前，我从未接触过电脑。就在那时，我认识的一位岩井证券（现岩井 Cosmo 证券）的员工联系我说："我们公司要开始网络交易了，您要不要试试看？"

当时的我对电脑和网络交易一窍不通。但仔细听他解释之后，我发现网络交易非常方便，而且手续费也很低。"这可不能错过啊"，我这么想着，立刻前往大阪梅田的友都八喜相机店去买电脑。

听了店员的介绍后，我买了一台屏幕大、易于观看的电脑，然后抱着它回家了。

"想做"就立刻行动，这是我的行事风格。

我一开始买了两台电脑，但后来还是不够用，现在我已经用上了三台。即使有三台电脑，因为要在各种网站间频繁切换，最近我感觉再买一台可能会更好。

开始网络交易后，作为一位"在网上进行日间交易的老人"，我马上就受到了采访。像我这样的人应该很罕见吧。

有很多老年人认为"自己年纪大了，用不来电脑"。我从 66

岁开始使用电脑，已经过了 20 多年了，但打字速度仍然不快。

我只能用食指慢慢地一个字一个字地敲击键盘。我只用电脑来做与股票相关的事，除此之外没有其余的用途。

虽然不敢说我已经完全学会使用电脑了，但只要会进行"股票交易"就足够了。

目前，我进行日间交易的时候会利用岩井 Cosmo 证券的"信用交易 1 000 次套餐"。据该公司员工说，我是该套餐的第一位使用者。

手续费之低让我感到惊讶。即使在面对面的交易中，22.2 万日元以上、100 万（含）日元以下的交易，手续费为"成交（买卖成立）金额的 1.128%×1.1"；100 万日元以上、500 万日元以下的交易，手续费为"（成交金额的 0.862% + 2 660 日元）×1.1"。

例如，如果成交金额为 100 万日元，就需要支付 12 408 日元的手续费。

然而，如果使用信用交易 1 000 次套餐，即使每月进行 1 000 次交易，手续费也不会超过 5.5 万日元。

如果交易 1 000 次，平均每次手续费仅为 55 日元。

实际上，每月进行 1 000 次交易相当困难，我最近每月大约进行了 500～600 次交易，即使按 600 次计算，每次交易的费用也低于 100 日元。据我所知，能够提供一个月固定额度的信用交易手续费的，只有岩井 Cosmo 证券。

而且，如果有什么想要咨询的时候，岩井 Cosmo 证券也会积极回应。

我选择证券公司时主要看这三点："系统健全""手续费低"以及"服务到位"。

岩井 Cosmo 证券满足了这些条件。

虽然这么说，但基本上我并不信任证券公司的人。过去有许多证券公司的员工来找我，试图推销对自己有利的商品。而且，他们的业务知识水平远不如我。

但我在岩井 Cosmo 证券的业务对接负责人是一个非常可靠的男人。作为证券公司的一员，他属于罕见的一类。如果没有意外，我想我会继续与他合作。

顺便一提，现在岩井 Cosmo 证券的社长是笹川贵生先生，而我当时把宠物店卖给了笹川良一先生领导的集团，而笹川良一又是笹川贵生的祖父。缘分这种东西真是奇妙啊。

刚开始投资时，什么是最重要的呢。我认为因人而异，应该不是每个人都像我这样，每个月进行几百次交易吧，所以根据情况可以选择其他的套餐或不同的证券公司。

在交易次数较少的时候，可以选择单笔手续费较低的账户进行交易，而当交易次数增加时，可以选择定额套餐等方式。现在各家证券公司的手续费竞争非常激烈，手续费都在下降。

对我来说，岩井 Cosmo 证券是最好的，但我认为找到适合自己风格的证券公司是开始漫长投资人生的第一步。

这句格言的意思是"市场的走向只有市场自己知道"。无论我们如何深思熟虑，事情往往不会按照我们的预期发展。然而，正因为这样，人生才显得有趣，不是吗？重要的是，不要过于固执己见，在不如意的人生和市场中，保持享受的心态和从容的心境。

专栏①

"读懂时代的能力"很重要

炒股需要有"读懂市场的能力"，回顾我的人生，我觉得自己也有一定的"读懂时代的能力"。

在高中时代决定就业方向时，我选择了宠物店，而当时日本正处于宠物热潮的巅峰。20 世纪 20 年代曾出现过"热带鱼热潮"，但随着战争带来的阴影逐渐加深，日本人失去了"养宠物"的闲情逸致。

战争结束后，生活逐渐恢复常态，许多人开始寻求心灵的慰藉，纷纷养起了宠物。所谓的"宠物热潮"随之兴起，当我决定在宠物店工作时，宠物店已经在各地流行起来。

诹访山动物园也搬迁并重新开放，成为现在的王子动物园。如今，王子动物园因熊猫而闻名。

我开的宠物店也有很多顾客捧场。当时比较受欢迎的是狗、鹦鹉和金丝雀。狗受到富裕阶层的喜爱，而小鸟则受到普通家庭的青睐。虽然店面不大，但也卖猴子等动物。

前面说的猴子、鹦鹉等是从神户港的船员那里收购的。船员们在世界各地旅行时，会在东亚的婆罗洲岛⊖等地低价购入猴子、鹦鹉，

　　⊖　婆罗洲岛是世界第三大岛。——译者注

然后在日本高价出售。这算是一种小额的副业收入。

有很多人在冈山繁殖鹦鹉，我也曾亲自去那里采购。

猴子有长臂猿、短尾猴等多个品种，其中令人印象深刻的是猩猩。

我以为猩猩稀有，可以卖个好价钱，于是花 80 万日元买了一只，但始终没有买家愿意购买。

最终，我不得不以 15 万日元的价格将猩猩卖给了与动物园有联系的商家。我还曾牵着猩猩在神户三宫的黄金地段散步。现在法律更加严格了，这种事情根本不可能。

随着法律越来越严格，20 世纪 70 年代开始宠物热潮也逐渐退去。尽管因城市开发引起的土地收购确实出乎我的意料，但在经营状况恶化之前得以顺利售出店铺，实属万幸。

麻将热潮再度兴起之际，我开设的麻将馆恰逢其时。麻将在大正时代①迎来了第一次热潮，但在战争的影响下一度沉寂。之后，1969年小说家阿佐田哲也开始连载《麻雀放浪记》，引发了第二次麻将热潮。

当时很受欢迎的深夜电视节目"11PM"也对此进行了报道，麻将

---

① 日本大正天皇在位的时期，即 1912 年至 1926 年，是短暂而相对稳定的时期。——译者注

相关的专栏杂志也应运而生。虽然我并不是为了赶潮流才开始经营麻将馆的，结果却大获成功。

现在日本麻将馆的数量急剧减少。在麻将馆里，无论是熟人还是陌生人，四个人都会围坐在桌旁，但由于新冠疫情的影响，"与陌生人面对面围坐"的机会减少了。

以前，我常常一边抽烟一边打麻将，但随着对吸烟的限制越来越严格，这种日子也一去不复返了。之前麻将馆所在的地方，现在变成了餐饮店和接骨院。

泡沫经济之前，我开始专心于股票投资。虽然资产从 10 亿日元大幅减少到 2 亿日元，但正因为在泡沫经济到来之前我就已经开始投资，所以即使泡沫经济崩溃，我仍然保留了 2 亿日元的资产。

无论是开宠物店还是开麻将馆，开始和结束时我都没有特别烦恼，也没有和妻子商量过。我并不觉得贫穷的生活有多苦，即使发生了什么，我也相信总会有办法解决。

一旦决定"不再做了"，就果断地停止；一旦觉得"想做这个"，就立刻开始。我认为这样的行事风格很适合我的性格。

我觉得妻子一直迁就着我，一直陪伴着我。虽然平时很难当面说出口，但我内心非常感激她。

PART

2

第二部分

---

80 只股票每月交易额 6 亿日元

日间交易的四大魅力

我的投资风格以"日间交易"为主。在股票投资中，通常会根据一次交易所需的时间将其分为四类（见下面表格）。

按一次交易时间给股票投资分类

一次交易时间	类型
几分钟～几小时	剥头皮交易
几小时～一天	日间交易
几天～几周	波段交易
数月以上	长线交易

"剥头皮交易"是一种在几分钟到几小时内反复进行交易的投资手法。"剥头皮"（scalp）是指交易就像剥去薄薄的皮肤一样，通过不断追逐微小的利润来进行交易。

我自己有时也会在股价上涨 3 日元或 5 日元时进行买卖。不过，由于每次交易的数量是几千股，即使股价只上涨了几日元，也能获得数万日元的利润。

　　而且，我使用的不是每次交易都收取手续费的机制，正如前面提到的，即使一个月内进行 1 000 次交易，因为我使用的是定额的套餐，所以完全不需要担心手续费的问题。

　　日间交易是一种在交易结束（下午 3 点）前完成交易的投资策略。无论是剥头皮交易还是日间交易，都需要持续监控市场，因此基本上以专业投资者居多。

　　即使是在工作日有工作、无法一直盯着图表的人，也可以在早上下买入委托，在午休时下卖出委托。但是这样很难赚大钱。

　　此外，在交易市场开放期间，需要一直盯着图表，因此缺乏集中力和耐心的人也很难进行交易。

　　波段交易是一种在几天到几周内进行交易的手法。我有时会为了回避决算发布季等情况，将股票持有一定的天数。

此证券账户投资了14亿日元进行交易

有时，剥头皮交易和波段交易也称为"日间交易"。

上面表格中最后一行的长线交易，是指用数月以上的时间进行一笔投资的方式。我自己虽然作为"日间交易员"，但并不一定总是在当天完成买卖的。

虽然基本上持有时间较短，但有时在一天内会对同一股票进行多次买卖，有时也会持有某只股票一段时间。所以，大家也可以把我当成一个进行波段交易的"日间交易员"。

此外，我也有长期持有的股票。不过，对于长期持有的股票，我基本上不会因为短期的价格波动进行买卖，因此我使用的是与平时用于日间交易的岩井 Cosmo 证券不同的证券账户进行管理。

我的核心资产是岩井 Cosmo 证券账户中短期买卖的"小型股"。这个账户里大约有 14 亿日元的金融资产。

虽然说是日间交易，但如果我认为"比起今天，明天股票价格上涨的可能性更大"，那么跨日交易也是常有的事。

在投资圈里，经常有人会说"日间交易很危险""最好别做日间交易"。但是，只要好好学习，你会发现日间交易其实很有趣。

在这里，简单明了地介绍一下我心目中日间交易的魅力。

①可以检验自己的能力

对我来说，日间交易最大的乐趣在于"自己的预测能立即得到结果的验证"。收集信息，分析图表，判断"这个会涨""这个会跌"，这种判断的结果会立即反映在股价上。如果判断正确，我会非常高兴。交易的次数越多，检验自己能力的机会就越多。所以对我来说，进行日间交易的时候是最快乐的。而如果是中长期交易，那么如此频繁地用自己的头脑进行判断的机会就不多了。

②比长期投资更容易获利

即使是股价持续上涨的股票，也不可能一直直线上涨，股价会在反复的上涨和下跌中逐渐上升。因此，在股价下跌时买入，在上涨时卖出，这样就能比长期投资积累更多的利润。

③可以避免中长期持有的风险

中长期持有的股票，一旦发生意外情况，股价大幅下跌的可能性就会增大。而在短期内完成交易，可以根据新出现的信息考虑是否再次买入，从而降低风险。

④不受市场走势的影响

2023 年，日经平均股价进入高位区间，特别是主要主板市场整体呈现上涨趋势。而如果是中长期投资，一旦进入下跌市场，就必须耐心等待。但在下跌市场中，股价在一天内也会有波动，因此通过日间交易仍然有可能获利。此外，如果预见到下跌，还可以通过"做空"来赚钱，这点我在后面会做说明。

日间交易基础① "市价委托"与"限价委托"

在具体说明我的投资方法之前，我们先来解释一下进行日间交易时必须了解的几个关键词的含义。

如果你已经有一定的股票投资经验，认为"这些我都知道"，那么可以选择跳过这部分。

相反，如果你完全是一个新手，就算"看了也不太明白"，那么可以先阅读"全部公开！某一天的交易"（我在该部分具体介绍了一天的交易是怎么样的），然后你再回过头来看这部分的内容。

虽然这很基础，但股票的委托方式有"市价委托"和"限价委托"两种。

市价委托是不指定股价直接下单的方式，通常下单后会立即成交。而限价委托则是指定股价下单的方式，还分为以下几种类型。

- 限价指令。在前场（上午的交易）和后场（下午的交易）的开盘时，以"指定价格购买"的指令。

- 带限价的市场指令。以限价下单但未成交的情况下，在前场和后场的交易时间最后阶段"收盘"时，自动转为市价委托。即使没办法一整天紧盯图表，也能防止持仓到次日。

- 止损指令。在股价达到预先设定的价格时自动下单。例如"以 1 000 日元买入的股票，如果跌到 800 日元就卖出"，这种情况下多用于止损。

- 止损限价委托指令。同时下达限价指令和止损指令。

日间交易基础② "现货交易"与"信用交易"

这也是基本常识，股票买卖大致分为"现货交易"和"信用交易"两种方式。

现货交易是指用现金买卖股票的交易。

信用交易是指从证券公司借钱或借股票进行买卖的交易。也就是说，信用交易可以用比手头资金更大的金额来进行投资。

借钱买股票称为"信用买入"，借股票卖出称为"信用卖出"。基本上，在股价急跌时，信用买入会增加；在股价急涨时，信用卖出会增加。

现货股票的交易只能在个人拥有的资金范围内进行。因此，与信用交易相比，其优点是风险较小，但短期内较难大幅获利。此外，基本上只能在"股价上涨时"获得收益。

接下来是关于信用交易的介绍。信用交易分为"制度信用交易"和"一般信用交易"两种类型。

制度信用交易是由金融商品交易所来选定股票，规定交易结束前的期限（还款期限）为 6 个月。也就是说，无论股价是上涨还是下跌，6 个月后都必须向证券公司归还钱或股票。进行交易的股票被称为"融资融券股票"。

现货交易的机制

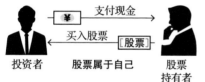

支付现金	
买入股票	股票
投资者　股票属于自己　股票持有者	在持有股票期间，即为股东

信用交易的机制

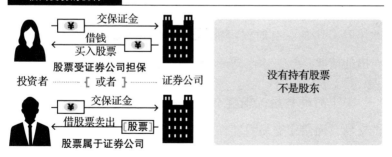

交保证金
借钱
买入股票
股票受证券公司担保
投资者　{ 或者 }　证券公司

交保证金
借股票卖出 股票
股票属于证券公司

没有持有股票
不是股东

制度信用交易的机制

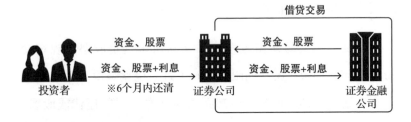

借贷交易

资金、股票 →

资金、股票+利息 →

※6个月内还清

投资者　　　证券公司　　　证券金融公司

一般信用交易的机制

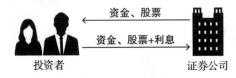

资金、股票 →

资金、股票+利息 →

投资者　　　证券公司

一般信用交易是指可以自由决定品种和还款期限的交易。

无论如何，信用交易与现货交易不同，有还款期限，因此风险会增加。有时候可能会出现不想卖却不得不以最低价卖出的情况。

关于品种数量，现货交易几乎可以在所有上市品种中进行交易，而信用交易只能在有限的品种中进行交易。

与现货交易相比，信用交易有各种限制，但如果想通过日间交易积累大额资产，信用交易是不可或缺的。

一般来说，信用交易被认为是高风险、不应该进行的交易类型的典型代表，但如果是用闲置资金进行投资，我认为就是另外一回事了。因此，多年来我一直在进行日间交易的信用交易，现在我要介绍一些通常容易被否定的信用交易的优势。

①可以调动比所持资金更大的金额

在现货交易中，要购买价值 100 万日元的股票，自然需要 100 万日元的现金（不包括交易手续费）。但是，如果是信用交易，可以进行交易的金额是初始资金的 3.3 倍。

如果想购买价值 100 万日元的股票，只需要拥有 30 万日元的资金。如果有 100 万日元的资金，就可以进行价值 330 万日元的交易。

假设在现货交易和信用交易中，都用 100 万日元的资金尽可能多地购买股价为 1 000 日元的股票，并在半年后股价上涨到 2 000 日元时卖出。在不考虑手续费的情况下，现货交易可以购买 1 000 股，因此股价上涨 1 000 日元就能获得 100 万日元的利润。而信用交易可以购买 3 300 股，因此股价上涨 1 000 日元就能获得 330 万日元的利润。用相同金额的资金作为本金，利润差距竟如此之大。

虽然股价几乎不可能跌到零，但即使进行信用交易的某只股票的股价跌到零，损失最多只是本金的 3.3 倍。

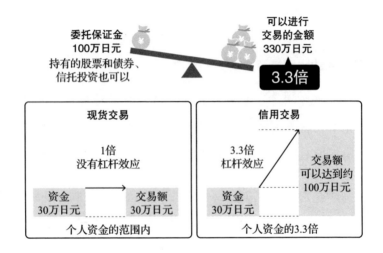

②手续费较低

在现货交易中，所需手续费仅为买卖手续费，但在信用交易中，除了买卖手续费，还需要支付利息、股票租赁的"股票借贷费用"及相当于事务手续费的"信用管理费"等费用。尽管如此，信用交易的买卖手续费要比现货交易的要便宜得多。

例如，我用的岩井 Cosmo 证券，如果是现货交易，500
万日元以下的交易一律收取 1 100 日元 / 笔的手续费。即使是
每日定额的方案，100 万日元的交易收取 880 日元，200 万日
元的交易收取 1 760 日元，之后每增加 100 万日元，手续费增
加 880 日元。

股票租赁服务的机制

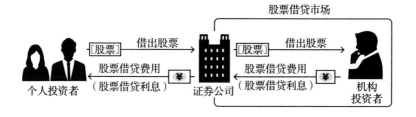

如果是信用交易，正如在第一部分中所介绍的那样，无论
买卖金额是多少，1 000 次交易只需支付 55 000 日元。也就是说，
如果进行 1 000 次交易则每次只需 55 日元，进行 500 次交易
则每次只需 110 日元。与现货交易相比，信用交易更具有经济
性，因此我认为如果是短期买卖同一股票，信用交易更为合适。

③可以一天内多次买卖同一股票

在现货交易中，基本上不能在一天内多次买卖同一只股

票。而信用交易则可以在同一天内反复买卖同一只股票。

次数最多的时候，我有时会在一天内买卖同一只股票 20 次左右，因此信用交易对于我是必不可少的。

④可以获得"除息调整金"

对于初学者来说，这可能是一个有点难懂的话题。在信用交易中购买股票时，不会被视为"股东"，因此无法获得"红利"（分配给股东的现金股息红利）。

作为替代，可以获得相当于股息的"除息调整金"。在进行股票买卖时，这两者几乎可以视为相同的东西。

最大的区别在于税收的不同。在现货交易中，股息被归类为"分红所得"，而在信用交易中的除息调整金则被归类为"转让所得"。

股息的税率是 20.315%（所得税 + 住民税 + 复兴特别所得税），而除息调整金的税率是 20.315%（所得税 + 复兴特别所得税），由于不征收住民税，可以说是更加划算的。

除息调整金不适用于股息的扣除，但无论如何，从税收的角度来看，信用交易的除息调整金更为划算。

领取除息调整金前的流程

| 截至除权除息日通过信用交易买入股票 |

▼

| 除权除息日 |

▼

| 大约在决算日后的3~4个月收到除息调整金 |

⑤就算股价下跌也能获利

在现货交易中，买入的股票价格上涨后再卖出，从而获得上涨收益。如果股价下跌，则只会亏损。在信用交易中，即使股价下跌，也有可能获利。这就是所谓的"卖空"。

卖空是指从证券公司借入股票并卖出，在决算日期前买回股票并归还，通过差额获利的交易。换句话说，卖空是瞄准那些预计股价会下跌的股票。

例如，假设我卖空了1 000股。如果每股价格为1 000日元，之后跌至800日元时再买回，就能获得20万日元的利润。

当然，卖空存在现货交易中没有的风险。在现货交易中，即使股价跌至零，损失额也不会超过投资额。但是，如果卖空后股价急剧上涨，损失额可能会超过投资额。

例如，如果以每股 1 000 日元的价格卖空 1 000 股，预期股价会下跌，但股价却持续上涨，6 个月后到达还款期限时每股涨至 2 000 日元，那么投资者将遭受 100 万日元的损失。

如果以 30 万日元的保证金（信用交易时所需的担保金）借入 100 万日元的股票进行卖空，就会亏损 70 万日元。我自己也曾因卖空失败而遭受损失。这确实是一项难度较高的交易。

此外，如果大量卖空的某只股票价格急剧上涨，那么卖空的投资者将面临巨大的浮亏。原本预计股价会下跌而进行卖空，结果股价却上涨，导致浮亏的出现。

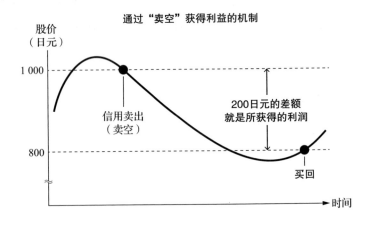

通过"卖空"获得利益的机制

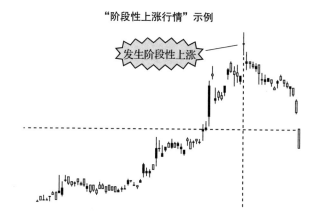

"阶段性上涨行情"示例

发生阶段性上涨

如果感觉股价不会下跌，即使明知会亏损，也不得不买回，这样一来，股票被买入，股价就会进一步上涨。这种行情被称为"阶段性上涨行情"，在中小型股票中经常出现。

⑥可以进行"现金交割"(收回股票) 和"实物交割"(交付股票)

稍微有点复杂，但"现金交割"和"实物交割"也是信用交易特有的机制。

在信用交易中，必须将借来的钱或股票归还给证券公司。如果是借钱进行的"信用买入"，可以通过卖出股票获得的收益进行"反向交易"归还，或者进行不卖出股票只归还钱款的"现金交割"。

利用现金交割的时机，基本上是"认为股价还会继续上涨的时候"。在信用交易中，借来的钱必须在 6 个月内归还，因此不是用还会上涨的股票来支付，而是用现金支付，这样就可以继续持有股票作为实物股票。

而且，在这个时候，不会发生"已实现损益"。已实现损益只有在卖出现货股票时才会发生。既然没有已实现损益，那么在这个时候也不会产生税金。

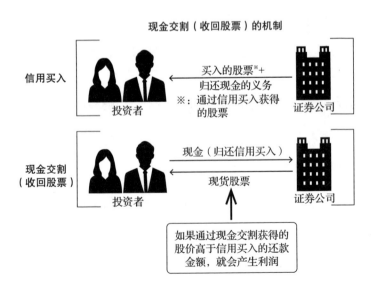

现金交割（收回股票）的机制

信用买入　投资者　买入的股票※＋归还现金的义务　※：通过信用买入获得的股票　证券公司

现金交割（收回股票）　投资者　现金（归还信用买入）　现货股票　证券公司

如果通过现金交割获得的股价高于信用买入的还款金额，就会产生利润

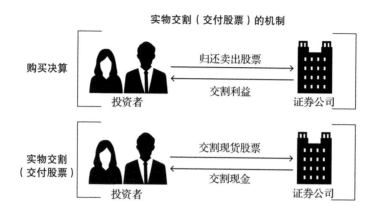

接下来，如果是借入股票进行"信用卖出"（卖空）的情况，也需要通过"反向交易"归还卖出股票获得的收益，或者用现货股票而不是用现金进行归还的"实物交割"。实物交割与信用买入不同，通常在"预计股票价格会下跌时"使用较多。

进行卖空时，证券公司会在借出股票的同时，暂时卖出同样价格的股票。这个价格就是"出借价格"，也就是投资者必须归还给证券公司的价格。在这种情况下，正如前文所述，股票价格降得越低，投资者赚得越多。如果是持有现货股票的情况，股票价格下跌会导致浮亏增加。

在这种情况下，选择实物交割并放弃现货股票，就可以摆脱这个负担。

此外，归还现货股票，不会产生买卖手续费。如果卖出现货股票，就会产生手续费，因此通过实物交割可以减少手续费的支付。

通常在进行"转运卖出"的情况下也使用实物交割。转运卖出是指"预计现在持有的现货股票，近期股价可能大幅下跌"时进行卖空的交易方法。

一般来说，实物交割在转运卖出中最常见的应用场景是想要获得"股东利益"的时候。

只有持有现货股票的人才拥有股东利益的权利，但在确定股东利益权利过后，会有越来越多的投资者认为"既然已经获得了权利，就把这只股票卖掉吧"，这可能会导致股价下跌。

因此，如果想在持有股东利益权利的同时应对下跌局面，可以考虑进行卖空。

我个人几乎不会为了股东利益而进行转运卖出。因为，从成本和收益的角度考虑，仅仅为了股东利益而进行对冲卖出是不划算的。认为 "这样就赚到了" 是外行的想法。

如果所有人都能通过这种方法获利，证券公司应该早就把这样的规则修改了。它们没有这样做，说明最终以股东利益为目的的转运卖出，是让证券公司赚钱的。

通过以上的说明，我想大家已经明白了，与只有在股价上涨时才能获利的现货交易相比，信用交易的机会要多得多。

当然，信用交易中存在着杠杆、做空等比现货交易更多的风险。我并不否认这一点。但我认为并不需要过度恐慌。

经常有人说 "信用交易很危险，最好不要做"，但岩井Cosmo证券从日本交易所集团官网汇总的结果显示，在个人投资者的股票交易中，实际上有超过70%是信用交易。

或许大家都在做，只是没有声张罢了。

在企业中，不借贷而完全依靠手头资金进行经营活动的公司也很难做大。成长型企业往往是在借钱的同时不断壮大的。

如果想要在一定期限内大幅增加自己的资产，那么巧妙地利用信用交易可以说是必不可少的。

　　当然，比起现货交易，进行信用交易更需要注重风险管理，确保即使在发生意外时也不会威胁到自己或家人的生活，这是非常重要的。然而，如果不承担相应的风险，就无法获得自己所期望的回报，这也是一个事实。

胜负在凌晨 2 点拉开帷幕

日本股票市场的交易时间是从上午 9 点到下午 3 点。正式的说法是，上午 9 点到上午 11 点半是"前场"，经过 1 小时的午休后，从中午 12 点半到下午 3 点是"后场"。如前所述，前场和后场开始的时间点称为"开盘"，结束的时间点称为"收盘"。

在这段时间里，我会面对 3 台电脑显示器，时刻关注不断变化的股价图表和买卖盘，反复进行买卖操作。

87 岁，现役交易员茂先生的一天

时间	所做的事情
2:00	起床、拉伸（10～15 分钟）、喝咖啡 打开市场经济专业频道"日经 CNBC" 查看美国股市
4:00	阅读日本经济新闻
4:20	查看昨日交易记录
5:00	（美国夏令时期间）美国期货交易结束

（续）

时间	所做的事情
6:00	查看日本期货交易 吃早餐
7:00	散步
8:00	查看股票买卖盘
9:00	股票市场前场开始
11:30	前场结束 将交易记录记到笔记本上
11:50	吃午饭
12:30	股票市场后场开始
15:00	后场结束 在笔记本上记录 反思今天的交易
随时	吃轻食 洗澡
20:00	就寝

为了判断哪只股票会上涨，利用好交易时段之外的时间是非常重要的。

为了做好交易的准备，我每天凌晨 2 点起床。对于正值壮年的公司职员来说，这可能是该睡觉的时间了。

妻子这时当然还在睡觉。我已经几十年没有设闹钟了，因为已经养成了生物钟，时间一到就会自己醒来。

凌晨 2 点醒来后，我首先会做些伸展运动来放松身体。然后去客厅泡一杯咖啡。我喜欢在咖啡里加牛奶和两种砂糖。

泡咖啡剩下的水，我会倒在厨房地板上，然后用厨房垫擦拭浮起来的污垢。这样一来，泡咖啡的同时还能把地板擦干净，真是一举两得。

之后，我会打开客厅的电视，看"日经 CNBC"。这是以日本经济新闻社和美国媒体 CNBC 为核心运营的市场经济专业频道。频道会全天播放经济信息，即使只是随意听听，也能大致了解股市的情况。

每天凌晨 2 点起床，通过经济专业频道"日经 CNBC"查看美国市场

其实，主持人和解说员的投资经历都比我短，所以对于他们所说的我都是半信半疑。从凌晨 2 点到晚上 8 点睡觉前，我几乎整天都开着日经 CNBC。

不过，早上 8 点之前是美国的 CNBC 新闻，也就是用英语播报的新闻，所以对于内容本身我并不太理解。只是因为能实时了解道琼斯指数等数据，所以才开着。

然后我会打开电脑，查看美国股市的情况。美国股市在当地时间的上午 9 点半到下午 4 点之间交易，换算成日本时间就是从晚上 11 点半到第二天早上 6 点，如果是夏令时，则是从晚上 10 点半到第二天早上 5 点。

听说有些人白天进行日本股票的交易，晚上进行美国股票的交易，但我只专注于日本股票。虽然我也想交易美国股票，但实在没有时间。

光是交易日本股票就让我一整天都排得满满的，根本没有余力去涉足美国市场。当然，所有资料都是英文的，读起来也很困难。再加上还要计算外汇成本，也很麻烦。我个人认为，没有必要勉强自己。

既然这样，为什么还要关注美国市场呢？因为美国市场对日本市场有很大的影响。长久以来有"美国打个喷嚏，日本就会感冒"的说法。

　　据说日经平均股价和道琼斯指数，以及东京证券交易所股价指数（TOPIX）和标普 500 指数的走势在一定程度上是联动的。虽然有时走势不太一致，但还是有参考价值的。

从清晨美国市场的波动预测日本市场走势

让我们再次确认一下日美股市的一些主要指标的含义。

美国

- 道琼斯指数。由标普道琼斯指数公司从美国各种行业中选出的代表性股票的股价平均值（大型股指数）。
- 标普500。由标普道琼斯指数公司从纽约证券交易所、NYSE American、纳斯达克上市的企业中选出具有代表性的500家公司计算得出的指数（大型股指数）。
- 纳斯达克综合指数。由纳斯达克上市的所有股票按市值加权平均计算得出的指数（高科技股票指数）。
- 罗素2000指数。由罗素投资公司在纽约证券交易所、NYSE American、纳斯达克中市值排名前3 000家公司中排名1 001至3 000的企业计算得出的指数（中小型股指数）。

- SOX 指数（费城半导体股票指数）。由费城证券交易所选出的从事半导体制造、流通、销售的企业计算得出的指数。

日本

- 日经平均股价。由日本经济新闻社从东京证券交易所主要主板市场上市的企业中选出的交易活跃、流动性高的 225 只股票计算得出的指数。
- 东京证券交易所股价指数（TOPIX）。由日本交易所集团子公司 JPX 综合研究所根据东京证券交易所主要主板市场上市股票的总市值与基准日的总市值计算得出的指数。
- 东京证券交易所玛札兹期货指数。以曾经面向成长企业的市场——"玛札兹市场"上市的股票为对象计算得出的指数（预计 2023 年某月变更为"东京证券交易所成长市场 250 指数"）。
- 日本经济平均指数。以日经平均股价为商品的股价指数。

虽然你可能听说过道琼斯指数、标普 500 指数和纳斯达克综合指数，但可能有些人从未听说过罗素 2000 指数或 SOX

指数。然而，要全面判断美国股市和美国经济状况，不仅需要关注道琼斯指数和标普500指数，还需要关注罗素2000指数和SOX指数等其他指数。

同样，在日本股市中，新闻中经常提到的是日经平均股价，但日经平均股价所使用的仅仅是225只主要主板市场的大型股票。要全面判断股市状况，最好也确认一下东京证券交易所股价指数（TOPIX）和东京证券交易所玛札兹期货指数。

关于日本经济平均指数，对于像我这样的日间交易员来说，实际上它比日经平均股价更重要，这一点毫不夸张。

本来应该是"先有日经平均股价，后有日本经济平均指数"的主从关系，但实际上日经平均股价的动向是跟随日本经济平均指数而变化的。

买卖日本股票的并不仅限于日本本地投资者，也有很多外国投资者参与到日本股市中，其中据说美国投资者的比例较高。许多美国投资者在投资美国股票之后，还会进一步投资日本股票。

因此，当美国股市表现良好时，日本股票也容易被买入；而当美国股市表现不佳时，日本股票则容易被抛售。

如果美国股市低迷，美国投资者往往会倾向于放弃风险较高的海外股票。正因为存在这种趋势，确认美国股市的情况变得非常重要。

当然，我们能够预测的仅仅只是"倾向"。日美股市在短期内表现出不同的走势也绝非罕见。比如，2023年，尽管美国股市低迷，但日本股价创下了泡沫时期以来的新高。

此外，关注美国市场之所以重要，还因为有美国存托凭证（ADR）的存在。ADR是American Depositary Receipt的缩写，指非美国国家的企业基于其发行的股票，在美国发行的有价证券。

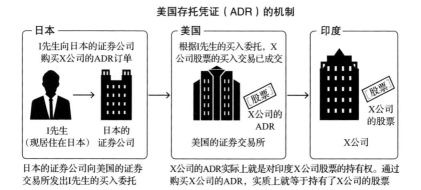

美国存托凭证（ADR）的机制

日本	美国	印度
I先生向日本的证券公司购买X公司的ADR订单	根据I先生的买入委托，X公司股票的买入交易已成交	
I先生（现居住在日本） 日本的证券公司	X公司的ADR 美国的证券交易所	X公司的股票 X公司

日本的证券公司向美国的证券交易所发出I先生的买入委托

X公司的ADR实际上就是对印度X公司股票的持有权。通过购买X公司的ADR，实质上就等于持有了X公司的股票

也就是说，这是一种可以在美国市场购买日本企业等外

国股票的机制。利用这一机制，不仅可以投资欧盟发达国家的企业，还可以投资非洲等新兴国家的企业。

严格来讲，美国存托凭证（ADR）并不是股票，但实际上与股票相似。如果日本投资者难以在美国市场的交易时间内买卖，那么想要买卖日本股票的美国投资者也会面临同样的问题。

通过与美国股市在相同时间段交易的ADR制度，美国投资者也可以轻松地进行日本股票的交易。

在日本企业中，发行ADR的有丰田汽车、武田药品工业、索尼集团等全球企业。ADR和股价指数一样，并不保证会与某只股票保持完全相同的价格变动，但它是重要的参考指标。

如果美国市场的价格波动剧烈，日本也可能会有类似的波动。也就是说，我们可以在一定程度上预测日本市场开盘前的价格变动。

此外，ADR交易价格的上升和下降是相对于前一天的ADR交易价格而言，而不是相对于日本市场收盘后的价格。

　　比起利用经济状况、企业的财务状况和经营状况等数据来预测今后股价的基本面分析，我更擅长通过查看图表来决定是否购买股票的技术性分析。尽管如此，了解整体市场的价格变动也是不可或缺的。

清晨四点门铃响起的原因

在检查一遍指数后，我会浏览报纸上关于经济的新闻。如果在新闻中看到与股票相关的特别的信息，我会进一步确认。

大约凌晨 4 点左右，日本经济新闻（日经新闻）的报纸就会送到，我会立刻拿起来阅读。报纸送达的时间每天都不太一样，所以我总会记挂着"报纸是否送到了"而跑去确认。这样太麻烦了，后来我让送报纸的人在放报纸的时候按一下门铃。

顺便一提，听闻我 66 岁开始进行网络交易而马上赶来采访我的也是日经新闻。我还订阅了日经新闻电子版，我也会在电脑上逐篇阅读那些新闻。

因为在网上可以搜索到各种信息，所以有些人认为，只需要查阅与自己持有的股票相关的新闻，那么使用免费的网络信息就足够了，不需要报纸。

　　但是，我认为，包括付费信息在内，广泛地查阅新闻是很重要的。

　　举一个简单的例子，比如如果我看到"丰田汽车的股价上涨"这样的新闻，就会瞬间想到"与丰田汽车相关的企业的股票也许也会上涨"。

每天凌晨4点左右，我会收到日本经济新闻的报纸
（我还购买了日经新闻电子版），用它来查看持有股的信息等

　　与丰田汽车相关联的企业有很多，包括电装（DENSO）、爱信（AISIN）、丰田纺织、爱知制钢、捷太格特（JTEKT）等。例如，如果持有电装股份的人只关注电装的新闻，那么

在丰田汽车发布利好消息时，可能会错过股价变动。

因此，广泛获取全球的信息，包括付费内容，是非常重要的。

然后，早上 5 点，如果是夏令时，美国市场的交易就会结束，所以我会再次确认以 ADR 为中心的美国股市动态。

当我们从电视画面中听到市场参与者热烈的掌声时，就知道美国市场的交易结束了。这真是典型的美国风格。另外，在早上 6 点，日本的期货交易也结束了，所以我也会确认日本市场的交易结果。

期货交易大致可以分为"商品期货"和"金融期货"。期货交易是指在预先确定的日期，以已经确定的价格买卖特定商品（原资产）的交易。

商品期货包括原油和汽油等能源、黄金和铂金等贵金属、大豆和玉米等谷物。

金融期货包括之前提到的东京证券交易所玛札兹期货指数和日本经济平均指数等股价指数、中长期国债期货等债券以及外币和利率等。

　　由于期货交易的订单金额可以是所持资金的数倍，因此被认为是高风险、高回报的交易。交易时间分为"日间交易"和"夜间交易"，日间交易从早上 8 点 45 分开始，到下午 3 点 15 分结束；夜间交易从下午 4 点半开始，直到第二天早上 6 点。

　　在众多的期货交易中，我关注的是"日本经济平均指数"的价格。日经 225 微型期货交易是指以"日经平均股价"作为原资产的股价指数期货交易。

　　虽然我并没有在进行期货交易，但作为影响股价的一个因素，我将具体解释一下期货交易。

　　假设现在的日经平均股价是 3 万日元，如果我认为"到期日会涨到 3.3 万日元"，那么我就以 3 万日元的价格买入"日经 225 微型期货"。这时，所需的资金就是作为保证金的 3 万日元。

　　日经 225 微型期货的交易单位是日经平均股价的 10 倍，每份合约的交易额在日经平均股价为 3 万日元的情况下，就是 30 万日元。

　　因此，如果日经平均股价如预期上升至 3.3 万日元，并按

这个价格进行结算的话，那么我们就可以获得"（3.3 万日元 –
3 万日元）×10 = 3 万日元"的利润。也就是说，即使手头只
有 3 万日元，也有可能赚到 3 万日元。

　　如果与预期相反，日经平均股价下跌，收盘价为 2.7 万日
元。按这个价格结算的话，就是"（2.7 万日元 – 3 万日元）×
10 = –3 万日元"，意味着我们将损失投资的 3 万日元。

　　夜间的价格波动对上午 9 点开始的股票市场也会产生很
大的影响。比如，如果夜间期货以 100 日元的涨幅结束，就
可以预测"今天的日经平均股价可能会高开"。

　　此外，早上也有很多事情需要做。我家里有一个闹钟，
每隔一小时就会播放音乐，让我可以马上知道现在是几点。
虽然电脑上也会显示时间，但我一旦专注于工作，很可能会
忘记时间。

每天早上推测"今日的胜负"

在确认期货市场之后，我吃完早餐就会出去散步。散步的时间并不是固定的，我有时早上一起床就会立刻出去，总之不管是几点，我都保持着散步的习惯。

因为交易一旦开始，我就会一直坐在电脑前，如果不提前走走的话，我怕腿脚会变得越来越不灵活。

在上午 8 点的时候，各交易所会发布"开盘前参考价"，我需要确认这些信息。接下来我向大家详细介绍一下。

对于日间交易来说，需要特别关注"买卖盘"。买卖盘不仅显示了当前价格与前一天价格的比较，而且还显示了有多少人想要以多少日元的价格买入或卖出。

这时，我们需要特别关注一下"买卖价"。买卖价是指，买家希望购买的价格和卖家希望卖出的价格的一览表。因为它可以用来衡量成交价格的水平，所以被称为"买卖价"。

　　"买盘价"表示买入订单的数量比卖出订单多，没有可以匹配买入订单价格的卖出订单。"卖盘价"则相反，表示的是卖出订单的数量比买入订单多，没有可以匹配卖出订单价格的买入订单。

　　通过查看买卖价，我们可以预测一下"能以多少价格卖出去"和"以多少价格能买到"。这就是预测股价变动的基础。

通过买卖价预测"卖盘价"和"买盘价"

卖盘数量	买卖价	买盘数量
5 000	市价	3 000
1 200	1 020	
800	1 010	
500	1 000	
	990	500
	980	1 200
	970	2 000

　　上面的买卖盘中表示的是，"卖盘价为 1 000 日元出售500 股"和"买盘价为 990 日元购买 500 股"。原则上，买卖价只计入限价委托的订单，但是在开盘前也会计入市价委托的价格。

在这个买卖盘中，买入委托的价格是 1 000 日元，卖出委托的价格是 990 日元。如果有一个指定了"1 020 日元"限价委托，因为限价委托意味着"只要价格低于指定价格就买入"，所以最终也会以 1 000 日元的价格成交。

正式的股票交易在上午 9 点到下午 3 点之间进行，但委托下单也可以在其他时间段进行。有的投资者会根据相关股票的新闻、整个行业的报道、美国市场的走势等信息，提前下单。

如果信息示好，购买订单就会增多，股价就会上涨。相反，如果信息不示好，就会有很多卖出订单，股价可能会下跌。

当天第一次交易成立后，每只股票当天的股价就会确定下来，这就是"开盘"。对于大多数股票来说，股票市场在上午 9 点就会开盘。这时确定的股价被称为"开盘价"。

根据提前下单的具体情况，可以提前一个小时（在上午 8 点）确认开盘前参考价。

每个证券公司都会利用各自的工具展示日本交易所集团提供的数据，所以我们可以很容易地查阅这些数据。

也就是说，通过确认开盘前参考价与前一天交易结束时的股价（收盘价）相比是高还是低，就可以预测当天的市场走势。

例如，我们还可以通过前文提到的买卖盘预测市场。我们假设买卖盘中显示"1 000 日元卖出 500 股的卖方意向价"和"990 日元买入 500 股的买方意向价"，且前一交易日的收盘价为 950 日元。如此一来，与前一交易日相比，"想买"的价格和"想卖"的价格都变高了，因此可以预测"今天的市场行情可能会走高"。

当然，市场是活的，所以"买卖价并不意味着绝对"。买卖价在开盘前是频繁变化的。尽管如此，它仍然是一个有力的参照标准。

于是，我在市场开盘前的 9 点，会大致确定一些"今天可能会有价格变动的股票"，然后重点对这些股票进行买卖。

另外，早上开盘时，如果买入订单和卖出订单不平衡，交易就无法成立，这种情况被称为"特停"。"特停"经常在出现好决算或丑闻等信息时发生。

卖出订单较多的情况，被称为"超卖"。买入订单较多的
情况，被称为"超买"。

买卖无法成立时出现的"特停"

卖盘数量	买卖价	买盘数量
400	1 040	
800	1 030	
500	1 020	
	1 010	
	1 000	
	990	特停 3 000
	980	500
	970	400

为什么会有买卖不成立的情况呢？这是为了防止股价在
短时间内大幅波动导致投资者损失巨大。

例如，如果股价在"1 000日元"时，你下了5 000股的
市价委托订单，但如果在订单成交的瞬间股价跌至"900日
元"，你就会瞬间损失50万日元。"特停"机制就是为了防止
这种情况的发生。

因此，东京证券交易所规定，与前一价格相比，只有价
格变动幅度在一定范围内，接下来的买卖才能成立。

例如，假设有一只股票之前的成交价是 980 日元，更新价格范围（根据买入意愿和卖出意愿，在某一次价格变动中变化的范围）为 10 日元，突然出现大量价格为 1 020 日元的订单。那么，对于这只更新价格范围为 10 日元的股票，它的特停价格就是 990 日元。如果随着时间的推移没有新的订单，造成特停的订单价格将不断更新，逐渐接近实际成交的价格。

当出现特停的时候，股票的价格波动往往很大，因此需要格外注意并仔细确认。

茂先生珍藏的市场格言②

『头和尾留给别人』
——从一开始就不要有摸顶和抄底的想法！

投资者往往想要"尽可能高价卖出、尽可能低价买入"。但是，往往当你认为"这时就是最高价了"时，它还会继续上涨；当你认为"这时就是最低价了"时，它还会继续下跌。就像吃鱼一样，头和尾巴是不能吃的，○对不对？如果非要摸顶或抄底，往往会导致不好的结果。所以，我们应该记住，与其这样冒险，还不如在图表数据刚开始反转的瞬间进行交易，这样更可靠。

○　日本人一般不吃鱼头和鱼尾部分。——译者注

全部公开！某一天的交易

那么，让我们按照时间顺序来追踪一下我某一天的交易过程。无论是做得太好，还是做得太差，都无法很好地为大家提供参考，所以我选择了一个"既不好也不坏"的普通的一天的交易。

委托次数共 27 次，其中当天成交的有 17 次，在其他日期下了订单并在当天成交的有 2 次。

这一天的收益超过了 47 万日元。虽然没有亏损，但也没有赚特别多，算处于平均水平吧。有时候一天的实际收益会超过 1 000 万日元。

但是，这一天的评估损益是负 247 万日元。当运作资金达到 18 亿日元时，即使我什么都不做，评估额只要变动1%，就会产生 1 800 万日元的价格波动。在这一天交易的前一天，评估损益是负 370 万日元，再之前一天则是 2 600 万日元。

时间	股票（证券代码）	股数	操作	已实现损益
5:15	信越化学工业（4063）	500 股	信用买入	
5:45	小野健（7414）	1 000 股	偿还买入	
8:16	日本电产（6594）	1 100 股	信用买入	
8:45	G-Tekt 汽车用品（5970）	1 000 股	信用买入	
8:50	东海 Soft（4430）	1 000 股	偿还卖出	
8:51	日本精机（7287）	2 000 股	信用买入	
8:52	TAKISAWA（6121）	3 000 股	信用买入	
9:03	信越化学工业（4063）	1 000 股	成交	
9:07	Prime Strategy（5250）	1 000 股	偿还卖出	
9:08	Miraial（4238）	1 000 股	新买	
			成交	
9:10	岩井 Cosmo 控股（8707）	1 000 股	偿还买入	
9:12	珊华科技（8137）	500 股	信用买入	
9:16	KPP 纸业（9274）	3 000 股	信用买入	
9:17	G-Tekt 汽车用品（5970）	1 000 股	成交	
9:22	白井电子工业（6658）	2 000 股	信用买入	
9:24			成交	
9:29	岩井 Cosmo 控股（8707）	1 000 股	成交	37 800 日元
9:33	东海 Soft（4430）	2 000 股	信用买入	
9:38	TAKISAWA（6121）	3 000 股	偿还卖出	
			部分成交（1 000 股）	
9:44	QD Laser（6613）	3 000 股	信用买入	
			部分成交	

（续）

时间	股票（证券代码）	股数	操作	已实现损益
10:17	和井田制作所（6158）	600 股	成交	
10:21	QD Laser（6613）	1 300 股	偿还卖出	24 624 日元
10:24			成交	
10:26	Miraial（4238）	1 000 股	偿还卖出	17 887 日元
10:32			成交	
10:37	珊华科技（8137）	500 股	信用卖出（修改）	
10:40	白井电子工业（6658）	3 000 股	信用买入	
			成交	
10:46	信越化学工业（4063）	2 000 股	信用买入	
10:56			成交	
10:57	珊华科技（8137）	500 股	成交	
12:39	Ridge-i（5572）	1 000 股	信用买入	
12:41	香陵住贩（3495）	700 股	现货卖出	
12:43	Ridge-i（5572）	1 000 股	成交	
13:39	岩井 Cosmo 控股（8707）	2 000 股	新卖	
14:00		1 700 股	部分成交	105 400 日元
14:10		300 股	成交	18 600 日元
14:13	珊华科技（8137）	1 000 股	信用买入	
14:22	香陵住贩（3495）	500 股	部分成交	210 500 日元
14:35	岩井 Cosmo 控股（8707）	2 000 股	新卖	
14:43	信越化学工业（4063）	1 000 股	信用买入	
14:45			成交	
14:59	Prime Strategy（5250）	1 000 股	成交	61 720 日元

与前一日相比，每天都在正负数百万日元至数千万日元之间波动。

那么，根据这个表格，让我来介绍一下我认为的日间交易的关键点。

◎比起市价委托，我更倾向于利用限价委托

大多数情况下，我都是以限价委托买卖股票的。观察买卖盘的厚度（订单数量）和价格走势，预测"这时会上涨""这时会下跌"。

除非我非常想要"立即买入"，否则我不会使用市价委托。当然，我也有判断失误的时候。

请看9点7分卖出Prime Strategy的交易。当我发出卖出委托时，该公司的股票价格是2 897日元。于是我以"2 960日元"的限价发出了卖出委托。虽然这个价格略高，但我认为能否成交的概率是五五开。

对于这只股票，我预测下周可能会涨到2 960日元，如果这周能涨到更好，即使涨不到也没有影响。

成交的时间是下午2点59分。收盘前的1分钟。我的预

测非常准确。在投资者中，也有不少交易员会在下午 3 点收盘前利用"带限价的市场指令"（请参考前文）强制平仓。

尤其那天还是星期五，很多交易员不想持股度过周末，于是在后场收盘前仓促完成结算。

仅此一个交易就能赚 6 万日元以上，比普通工薪族一天的工资还要多呢。当自己预测得非常准确的时候，是十分令人高兴的。

◎查看 ADR 和新闻后，确认股票

如果你仔细观察表中的交易，你就会发现我从早上 5 点开始就发出了订单。虽然市场在上午 9 点开放，但一天 24 小时可以随时下单。

首先，早上起床后，我会查看 ADR 和新闻，然后针对一些看起来还不错的股票，确认其图表数据。在查看图表后，如果我决定"买入"或"卖出"，就会在那时下达订单。

在前场和后场之间，日本经济平均指数的数字也在不断变动，所以我在午休时间也会跟进这一变动。不断检索有用的信息，并进行思考，这是一个很重要的过程。我认为，这种"脑力训练"可能是防止阿尔茨海默症的终极方法。

在本书的第四部分中我会详细说明，即使新闻中出现利好信息，并且股价已经上涨到我心目中的合理价格之上，我也不会购买。因为这有可能是股票"超买"的情况，有很大的下跌风险。

根据购买时的价格来判断之后的操作，从而产生盈亏，股票就是这样一种东西。所以，对某只股票的合理价格有自己的判断是非常重要的。

◎最关键的时刻是上午 9 点左右

请大家务必关注自己下单的时间。发出订单和订单成交的时间主要集中在上午 9 点左右。一旦过了上午 10 点，就感觉一天已经过去了一半。大家可以看到，我举例的这一天交易就集中在上午 10 点左右。

下一个交易集中的时间段是后场开盘后和收盘前。虽然在午休期间不会有太多信息出现，但有不少上班族等个人投资者会在午休时间下单，这也产生了影响。

到最后 30 分钟，想要跨越交易日持股的人和不想跨越交易日持股的人的交易活动会变得活跃。对于日间交易员来说，这种想法尤其常见。即使没有上涨或下跌到自己所期望的价格，为了防止跨越交易日，订单数量往往会增加。特别是在周末，这种趋势更为明显。

相反，下午 1 点左右，交易量往往趋于稳定。这一天的这个时间段我也只下了一次单。如果是日间交易员，可能需要一直盯着交易屏幕，但了解交易活跃和不活跃的时间段，可以帮助你判断在市场开放时间内，应该在何时要更加集中精力，何时可以稍微放松。

◎基于对决算的期待进行购买

这一天购买的股票中，"信越化学工业"和"G-Tekt 汽车用品"是我基于对下周或下下周公布的决算而购买的。像这样，随着决算日期的临近，推算出"预计会在决算时上涨的股票"会在何时变得便宜，然后再买入，这是很重要的。

虽然这是以周为单位的买卖，严格来说不算是日间交易，但如果是为了最终在决算时获得利益，提前买入也是很重要的。

　　作为化工巨头，信越化学工业是一家市值约 9.16 万亿日元的大型股票公司，并非我所擅长的小型股票。然而，该公司在氯乙烯树脂和硅晶片等领域拥有全球较高的市场份额，是一只非常受投资者欢迎的股票。

　　该公司的股票在 2023 年 6 月达到了上市以来的最高价。尽管对其第一财季的决算预期是亏损，但在 2023 年 3 月的合并决算中，净利润达到了历史最高水平，因此从中长期来看，预计该公司业绩将不断增长。即使与去年同期相比是负增长，市场已经消化了这一点，预计决算数据将上涨。

　　决算结果确实如市场预期的那样，收益减少了。但是与此同时，该公司宣布了 1 000 亿日元的股份回购计划。回购是股价上涨的利好信息。

　　然而，由于日本银行在决算后的第二天宣布了对长短利率操作（收益率曲线控制，YCC）的修正，这一天股价整体呈现下跌趋势，没有达到预期的涨幅。

　　同样，我购买了预期在决算中上涨的股票——G-Tekt 汽车用品。G-Tekt 汽车用品是一家本田系车身冲压部件制造商，在 2023 年 6 月公布了与未来业务战略相关的新的经营目标和股东回报规划。

它们引入了一个新的指标，即股本报酬率（DOE），并明确了目标值：2023 年 3 月决算日达到 1.6%，2026 年 3 月决算日达到 2.0%，2031 年 3 月决算日达到 3.0%。

受此影响，该公司的股票价格创下了年初以来的新高。如果持有这只股票，预计股价将一直上涨到 2030 年。我计划在 2030 年我 94 岁之前不断买卖这只股票，并同时持有这只股票。

这两家公司，即使在下次决算中价格没有上涨，也是"总有一天会上涨的股票"，这一点很重要。因此，我有信心购买它们。我们不应该投资"可能会在决算中上涨，但未来前景暗淡的"股票。

收盘后进行当日的反省

和交易本身同样重要的是交易后的反思。如果只是因为偶然赢了就沾沾自喜，作为投资者是无法成长的。

"为什么会成功？""为什么会失败？""有没有更好的买入点（卖出点）？"通过思考这些问题，我们才能逐渐成长。

一次交易的结束，就是下一次交易的开始。长期进行交易，你会逐渐了解到某只股票的特性。随着经验的积累，你会越来越了解这些特性，从而你的判断也越快、越准确。

我会将所有交易详细地记录在笔记本上。我会在同一行内记录何时买入、何时卖出、赚了多少等信息，前场部分是在前场收盘后记录，后场部分是在当天收盘后记录。这是我从以前开始就一直保持的习惯。

我的笔记本分为记录日本经济平均指数或资产总额变动的笔记本和记录个别股票交易历史的笔记本，记录个别股票的笔记本已经累积了近 50 本。大概是每五个月就会用掉一本新笔记本的节奏。

因为常年持有 80 只股票，所以有时很难记得在笔记本的哪一页做了记录，所以我还会有记"记在哪一页面"的备忘录。

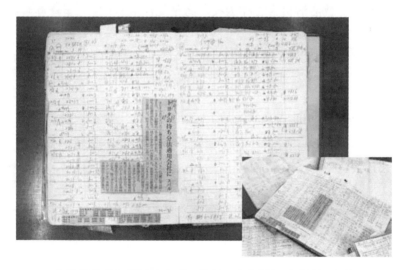

在前场收盘与后场收盘后，将每一步交易记录到笔记本中

所谓的"在最好的时机买入（卖出）"，即使对于现在的我来说也是一件非常困难的事情。与其以此为目标，不如说我们不应该总想着以最高价卖出、以最低价买入。如果将目标

设定于此，在还不是最低价的时候就认为"现在就是最低"，从而买入，可能会导致损失。

与其这样，不如将"能不能在接近天花板和底部的时候进行买卖"作为衡量标准，将更为合适。

如果自己的买卖时机与图表的走势一致，那起码可以认为没有做错。但是，当出现偏差时，需要考虑是因为自己的操作与图表走势不匹配，还是读错了图表，或者是出现了其他影响信息。

同时，由于持有很多股票，所以在交易时间内无法确认所有股票的价格变动。没有特别信息，价格却出现变动的情况并不罕见。因此需要确认这类股票，并作为第二天买卖的候选。

另外，虽然这是一项平凡的工作，但需要将记录在笔记本上的交易历史与账户中的股票信息进行核对，确认持股数量是否一致也是每天必须进行的工作。一旦这里出现错误，那么今后的所有交易都会出现错误。

正因为这是一项平凡的工作，所以才显得尤为重要。

经常同时交易 80 只股票

我交易的股票会根据情况而不时变化。因为一旦价格上涨我就会卖掉，所以现在手头上没有很多股票。通过不断地买卖，我总是持有着 80 只左右的股票。

截至 2023 年 3 月底，我为了进行短期交易而持有的股票如下所示。

证券代码	持有股票	行业分类
1375	雪国舞茸	水产、农林业
1439	安江工务店	建造业
1898	世纪东急工业	建造业
2060	Feed-One	食品业
2795	日本 Primex	批发商
2997	Storage-Oh	不动产
3101	东洋纺	纤维制品
3156	Restar 控股	批发商
3241	Will	不动产
3297	东武住贩	不动产

（续）

证券代码	持有股票	行业分类
3495	香陵住贩	不动产
3612	World 服装	纤维制品
3944	古林纸工	纸浆、纸
3947	Dynapac	纸浆、纸
4222	儿玉化学工业	化学
4224	龙喜陆工业	化学
4238	Miraial	化学
4249	森六控股	化学
4262	NIFTY Lifestyle	信息与通信
4265	Institution for a Global Society	信息与通信
4410	哈利玛化成集团	化学
4430	东海 Soft	信息与通信
4691	华盛顿酒店	服务业
4882	Perseus Proteomics	医药品
4890	坪田 Laboratory	医药品
4891	TMS	医药品
5026	Tripleize	信息与通信
5035	HOUSEI	信息与通信
5079	Novac	建造业
5131	Linkers	信息与通信
5161	西川橡胶工业	橡胶制品
5184	日轮	橡胶制品
5237	野泽	玻璃、泥石制品

（续）

证券代码	持有股票	行业分类
5341	Asahi 卫陶控股	玻璃、泥石制品
5702	大纪铝业	非铁金属
5802	住友电气工业	非铁金属
5970	G-Tekt 汽车用品	金属制品
5989	H-ONE	金属制品
6121	TAKISAWA	机械
6138	黛杰工业	机械
6155	高松机械工业	机械
6158	和井田制作所	机械
6165	盘起工业	机械
6178	日本邮政	服务业
6210	东洋机械金属	机械
6218	远州	机械
6226	守谷输送机工业	机械
6293	日精树脂工业	机械
6432	竹内制作所工程机械	机械
6473	捷太格特	机械
6546	Fulltech	服务业
6629	Techno Horizon	电气机器
6794	Foster 电机	电气机器
6995	东海理化	运送用机器
7014	名村造船所	运送用机器
7088	Forum Engineering	服务业

（续）

证券代码	持有股票	行业分类
7112	Cube	零售业
7212	F-TECH	运送用机器
7218	田中精密工业	运送用机器
7229	丰技研	运送用机器
7245	大同金属工业	运送用机器
7283	爱三工业	运送用机器
7287	日本精机	运送用机器
7414	小野健	批发商
7435	NADEX	批发商
7702	JMS	精密器械
7718	斯大精密	机械
8051	山善	批发商
8053	住友商事	批发商
8074	汤浅商事	批发商
8095	Astena 控股	批发商
8316	三井住友金融	银行
8604	野村控股	证券、商品期货交易
8707	岩井 Cosmo 控股	证券、商品期货交易
8714	池田泉州控股	银行
8931	和田兴产	不动产
9005	东急电铁	陆运
9251	AB&Company	服务业
9275	Narumiya 国际	零售业

（续）

证券代码	持有股票	行业分类
9434	软银公司	信息与通信
9562	Business Coach	服务业
9948	ARCS	零售业

这只是截至 2023 年 3 月的数据，截至这个时间点，已经有确定的收益，但也有重新买入的新股票，也购买了多个新种类。这些都是通过岩井 Cosmo 证券的账户持有的资产，如前所述，该账户中大约有 14 亿日元的运作资产。

就持有的股票而言，还包括其他证券账户中长期持有的股票，大约有 20 只。长期持有的股票主要是丰田汽车、本田技研工业、三井物产、丸红等稳定收益的大型股票。

每天收盘后，我都会计算自己所有账户的资产总额，总共大约是 18 亿日元。

为了进行日间交易而持有的股票中也有一些知名企业，但大部分是许多人都不知道的企业。相信你也可以看出我持有的股票并不局限于特定领域。话虽如此，我原本就比较喜欢汽车和半导体等品种，所以这类品种的股票比较多。

虽然我介绍了我持有的股票，但并不意味着"买这只股票就好"或者"这只股票值得推荐"。因为股价上涨后我及时卖出的股票也很多，而且我基本上不止损，所以还长期持有一些在不断下跌的股票。

我的投资资产有 18 亿日元，但我会把赚钱的股票马上卖掉，不赚钱的股票就那样放着，评估损益达到负两亿日元以上。所以请不要轻易认为"买这只股票就能赚钱"。因为我会马上卖掉可以赚到钱的股票，所以我手上还有很多不良库存。

此外，我完全不做投资信托。投资信托会收取手续费和管理费，如果操作不当，每个月都要支付的各种费用可能就会抵消掉投资所带来的收益。

如果有进行投资信托的财力，那还不如进行个别股票的交易。

利用 3 台电脑、3 台显示器进行买卖

我使用 3 台电脑和 3 台显示器来进行日间交易。它们分别用作价格动向检查、交易和收集信息。

虽然我有一个电子邮件地址，但我几乎不用电脑来发送电子邮件。实际上，除了与股票相关的事情，我几乎不使用电脑。

其实，我也没有智能手机。就算我需要用电脑进行日间交易，我也不追求最新的设备。

在用于查看股价走势的电脑上，我会使用岩井 Cosmo 证券的实时更新股价的电脑版交易工具"Trader NEXT"。这个交易工具可以让我将自己买卖的股票显示在屏幕上，并且可以在一个界面上同时显示 40 只股票的价格走势。

目前，我正在监控大约不到 1 200 只股票的动向。

通过查看笔记本，也可以发现我到目前为止购买过的股

票，或者打算购买并关注动向的股票大约有 1 200 只。

其中有些已经合并或退市，并非所有的股票都仍然存在于现在的股市中。但可以这样说，我购买的或打算购买的股票，大约有四分之一都是上市公司的股票。

当然，因为涉及 1 200 只股票，别说把每个公司的资料都记在脑子里，就连在交易工具上注册了哪些页面，哪怕是年轻人也记不住吧。因此，我需要一边看着记录"哪只股票注册在哪个页面"的笔记，一边切换页面。

这样的交易工具对于日间交易和剥头皮交易来说是必不可少的。

在第一台电脑上，当我认为"这时要买入（或卖出）"的时候，基本上就会在第二台电脑上进行交易。而在第三台电脑上，我会查看有关公司的新闻和决算信息。

到目前为止，我交易最多的是武藏精密工业。截至 2023 年 8 月，大约进行了 4 500 次买卖。21 年 4 500 次买卖，简单计算一下，每月进行 18 次左右的买卖。

武藏精密工业是一家总部位于爱知县丰桥市的本田系列

汽车零部件制造商，创立于 1938 年，可以说是一家老店。虽然其知名度可能不是那么高，但它是一家在全球 14 个国家 35 个据点间开展业务的全球化企业。

将 3 台显示器分别用作价格动向检查、交易和收集信息，
以便集中精力进行交易

它在 2018 年股价曾达到 2 132 日元的高点，但在 2020 年甚至跌到 646 日元。随后的一年，股价又回升至 2 625 日元。

随着交易次数的增加，对于"如果股价这样变动，接下来会怎样"的数据判断经验自然就会积累起来。这样一来，又会带动交易次数的增加。

我使用的是"1 000 次套餐"，每月交易 1 000 次都是固定的费用，但目前每个月的交易次数大约在 500~600 次。按每月交易 20 天总共 600 次计算，也就是一天之内的交易量大概为 30 次。

但这仅仅是成交的交易次数，实际上发出的订单数量更多。仅就订单数量而言，大约是成交次数的 1.5 倍。

正如前面所述，比起市价委托，我更多采用的是"如果价格上升到这个水平就卖""如果价格下降到这个水平就买"的限价委托，所以订单不成交的情况也很多。而且在一天 30 次的交易当中，买卖同一只股票的情况也很多。

每次交易的股票数量通常以数千股为单位，比如，如果以 2 000 日元的价格买入 3 000 股，单这一笔订单的交易额就达到了 600 万日元。因此，如果不断买卖交易，累计起来的月交易金额可以达到 6 亿日元。

通过这样的操作，我的资产积累到了 18 亿日元。如果只听到"资产 18 亿日元"，可能会觉得很惊人，但实际上这是通过一点一点的努力积累起来的。

以每股 1 000 日元的价格买入，以 1 005 日元的价格卖出，我一直在重复这样的交易。你可能会想："只有 5 日元吗？"但千万不要小看它。因为只要在股价上涨时卖出，就能稳稳地赚钱。

无论是 3 日元还是 5 日元，只要涨了就好。我们不能太贪心。

例如，假设我以 1 000 日元的价格买入 5 000 股，然后以 1 005 日元的价格卖出所有股票。这样，我就能赚取 2.5 万日元。如果这样的交易一天能成交 20 次，那一天就能赚 50 万日元。这样一来，如果一个月有 20 个工作日，就能赚到 1 000 万日元。

一个月能赚 1 000 万日元的上班族，能有多少呢？

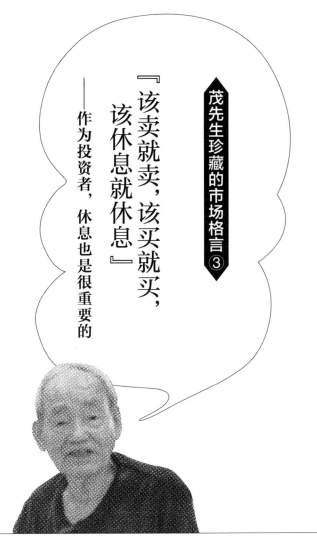

茂先生珍藏的市场格言③

『该卖就卖，该买就买，
该休息就休息』

——作为投资者，休息也是很重要的

　　"是卖是买还是休息"，这是大家都会有的想法，但这句格言告诉我们："休息也很重要。"提到日间交易员，可能有人会想到他们坐在电脑显示器前，不停地重复买卖，但实际上并非如此。当市场不活跃时，我们不会出手。反省每一次交易。确认总体的经济趋势。只有保持各个因素之间的平衡，才能赚取利润。

兴趣是收集古董硬币

除了睡觉，以及吃饭和散步的时间，我几乎过着"股痴"般的生活，但我也有除股票外的兴趣。那就是收集硬币和观看体育比赛。

我从小时候就开始收集硬币。我大姐的丈夫经营的税务师事务所的一位顾客，是一家位于 JR 元町站附近的硬币店老板。他们带我去了那里，我觉得"硬币真漂亮"，于是从那时起我开始收藏硬币。

再之后，我开始了股票投资，过了一段时间，我也利用硬币进行了资产运作。与股票相比，硬币对经济冲击更有抵抗力，而且收集信息和分析的工作量也不大。不过，我更喜欢欣赏硬币，所以在 20世纪 80 年代就停止了为了资产运作而收集硬币。

我喜欢的是古董硬币。所谓的古董硬币，通常是指 100 多年前发行的硬币。因为是过去发行的硬币，数量只会减少，不会增加。我认为这样的硬币很有浪漫色彩。

其中，我特别喜欢的是欧洲历史上最有名的王朝之一"哈布斯堡王朝"的硬币。我经常在海外的拍卖会上购买。

我会收到目录，通过邮寄发送自己想要硬币的出价。我也曾经和妻子一起前往维也纳参加拍卖会。

收藏硬币被称为"国王的兴趣",拍卖会上会有来自世界各地的富豪。但是,目录上有英语、俄语等语言的说明,却没有日语的说明。这也说明了很少有日本人参加这一拍卖会。

有些古董硬币单枚价值可超 1 亿日元。在 2021 年,一枚 1933 年制造的"双鹰金币"以超过 20 亿日元的价格成交。虽然我买不起那么昂贵的硬币,但哈布斯堡王朝的硬币也有一定的价值。不过,如果选择便宜一些的,几百日元到几千日元也能买到。

以前我将这些硬币存放在家里,但自从不慎丢失后,我就将它们存放在银行了。这导致我现在不能随时欣赏它们,让我感到有些遗憾。

我开始炒股也是因为我对收集硬币感兴趣,听了证券公司的人的话,我便对世界经济产生了兴趣。我的兴趣最终竟成了我开始投资的契机。

除了与投资相关的爱好,我还喜欢在电视上看体育比赛。以前我也玩麻将和高尔夫,但早在几年前就不玩了。有一次,我和朋友约好了打高尔夫,但由于我必须处理股市暴跌的问题,不得不取消约定,这让我下定决心以后不再打高尔夫,以免给人添麻烦。

在体育赛事中,我最喜欢的是棒球和相扑。棒球的话我喜欢阪神老虎队和大谷翔平选手。虽然我没有去过甲子园球场，但我一直在支持阪神队。

2023 年阪神老虎队时隔 18 年再次夺得联赛冠军，真是让人感到高兴。不过，无论输赢，对投资都没有影响。

棒球比赛多在晚上或休息日的白天进行，这一点很好，因为对投资没有影响。

如果大谷翔平选手的比赛在电视上转播，我总是忍不住要看。我还会在日经新闻线上版查看大联盟的相关信息。但是，日本播放的大谷翔平选手出场的比赛几乎都是在早上，工作日的时候股市也已经开盘了，这真是让人头疼。

看着日本年轻人在异国他乡完成前所未有的壮举，仅仅这样就已经让人心情舒畅了。日本选手在大联盟中获得本垒打王，这在以前是想都不敢想的事情。

相扑比赛从午后 3 点左右开始，到傍晚 6 点结束，与我的生活作息正好吻合。

㊀ 位于日本兵库县西宫市甲子园町的著名棒球场，一般简称为"甲子园球场"或"甲子园"。

68 年投资史
茂派"1：2：6"的规则

关注"增收、增益、增配"

当我选择股票时，我最关心的是，它是否具有"增收、增益、增配"的特点。简而言之，我会关注销售额是否增加、利润是否增加，以及利润是否被分配作为股息。

日间交易员根据短期的价格波动不断买卖，因此有些日间交易员不太关心长期利润。但我不认同这种观点。我认为，购买股票时，最好是选择那些能够长期看涨的股票。

你可能会想："如果是长期看涨股票，那么长期持有不是更好吗?"但即使是长期看涨的股票，其价格也会发生波动，因此通过日间交易的周转买卖可以获得更多的利润。

例如，假设你以 1 000 日元的价格购买了 1 000 股股票，该股票每天的价格波动在 50 日元范围内，一年后股价上涨到了 2 000 日元。如果你长期持有，你将获得 100 万日元的利润。

针对这个情况，假设能够在最低点买入并在最高点卖出，那么一天就可以赚取 5 万日元。如果一个月（20 天）每天都只进行一次买卖，那么一个月就能赚取 100 万日元。这样就可以在短短一个月内获得长期持有一年才能获得的收益。当然，在现实中，无论是谁，无论是多么熟练的投资者，要在最低点买入并在最高点卖出都是很困难的，所以即使只赚取其中的一半，一个月也能赚取 50 万日元。如果有一年的时间，就能赚取 600 万日元。

而且，在长期投资中，经常会有这样的事情发生：假设刚才提到的股票已经涨到了 1 800 日元，但人们会想"再等等，等它再跌一点"，结果最终也没有买入，错失了机会。然而，在日间交易中，即使股票已经上涨，如果认为"明天还会继续涨"，也可以买入。

确实，即使股票正在下跌，和上涨的股票一样，也会有波动，所以只要抓住好时机，就能提高收益。但是，与处于上升基调的股票相比，下跌的股票风险更高，所以应该尽量避免买入下跌的股票。

　　那么，关于"增收、增益、增配"，如果你在网上搜索决算信息，就可以马上获得这些数据。特别是我比较重视的"增收、增益"。

　　即使销售额增加但是整体却亏损了，这样的情况不在少数。所以这两者是否相匹配具有很重要的意义。

　　在收益率中，我特别注重"经常利润"和"净利润"。我不太关注"营业利润"。

　　实际上全部关注一下也是可以的，但由于时间总是不够，所以我专注于与公司绩效直接相关的指标。

　　为防止有人不了解，我先简单解释一下这些利润到底是什么。

公司的销售额以及各种利润指的是什么？

- 营业利润。从总销售额中减去销售费用和管理费用等得出的利润。它指的是通过主营业务赚取的利润。

- 经常利润。从营业利润中减去股息和利息支出等得出的利润。虽然销售额可能很高，但如果费用多，公司剩余的钱就会变少，所以可以说这是最容易把握企业状况的数据。

- 净利润。在经常利润的基础上加上非主营业务的利润或减去税金等，把所有支付都完成后，最后剩下的钱。

经常利润是显示公司盈利能力的重要指标。仅仅看净利润是不够的，因为也可能有临时收入或临时损失的情况。

但是，股息收入属于净利润，所以净利润越多，支付股息的能力就越强。因此，对于股东来说，净利润也很重要。

股票买卖遵循"1：2：6"的规则

企业向股东分配利润的股息率，我认为 3% 左右还算不错。我收到的股息收入大约是每年 3 000 万日元，以资产 18 亿日元来算的话，还不到 2%。

虽然也有像世纪东急工业这样宣布增加股息，并将 2024 年 3 月决算日的年预计股息率设定为 8.21% 的高水准企业，但我更加重视的是"成长性"而不是"高股息"。

另外，虽然"高股息"听起来不错，但如果股价下跌，股息率就会上升。因此，不能断定"高股息＝优质股票"。

有很多人购买了高股息的股票，但股价却下跌了……另外，如果是因为业绩不佳而变成高股息的股票，在业绩继续恶化的情况下，企业可能会发布"股息预期的调整"，导致分红减少。

有人可能会这样想："分红越高，股东获利越多，不是吗?"请认真思考一下这个问题。所谓的"派息率",是指公司从税后利润,即"净利润"中拿出多少用于支付股息。以大企业为例,派息率通常为30%～40%。

派息率高,意味着"公司将利润的相应部分用在了股东身上"。

特别是在新上市的公司中,这种情况更为常见。但也有很多企业表示"不分红,将利润用于未来的发展,进行先行投资"。我喜欢那些不断发展的企业,所以并没有很在意分红。

了解公司对分红的看法很重要,但如果只追求高分红,只关注分红收益率的高低,最终可能会遭到背刺⊖。

与其仅仅因为高分红而选择某只股票,不如选择业绩稳定、能够稳定地支付相同水平分红的企业。

在商社中,像住友商事和双日这样的股票,分红收益率接近4%。这些大型企业的业绩不太可能突然恶化,对于不想冒太大风险的人来说值得一试。

⊖ 网络流行语,简单地说就是"背后一击",在别人不注意的时候给予一个致命的打击。——译者注

另外，我在买卖股票时，会遵循 "1∶2∶6" 的规则。

如果我觉得 "这只股票好像不错"，就会先尝试买入 1 000 股左右，如果觉得 "确实不错"，就会再买 2 000 股，如果觉得 "这只股票可以赚钱"，就会再购买 6 000 股。卖的时候也是一样。

特别是对于难以预测走势或者之前没有太多交易的股票，我会采用这个规则进行买卖。

当然，有时候实际情况与预期相反，比如在买入 2 000 股的时候股价比买入 1 000 股的时候更高，或者在卖出时股价却下跌了。但相比一下子进行大量买卖，这样做风险更低，最终更容易获得利润。

理解商业模式后再买入

在"增收、增益、增配"之后，我非常重视的一点是公司"是否回购自家股票"。所谓的回购自家股票，顾名思义，是指购买自家公司的股票。原则上这种做法原本是被禁止的，但在 1994 年和 2001 年法律修改后，这种做法也被允许了。

特别是对于股票新手来说，可能会有这样的疑问："回购自家股票有什么好处？"

回购自家股票后，市场上流通的已发行股票数量自然会减少。这样一来，如果总利润相同，那么在市场上流通的每股平均利润就会增加。作为判断市场上股价是否便宜的指标，市盈率是通过"股价 ÷ 每股收益（EPS）"来计算的。

市盈率通常是 15 倍左右，比这个值高，股价被认为是"高估"，比这个值低，则被认为是"低估"。回购自家股票可以提高每股利润，所以即使市盈率相同，股价也会更高。

具体来讲，如果股价是 1 000 日元，每股收益是 100 日元，那么市盈率就是 10 倍。

如果每股收益上升到 150 日元，市盈率就会降到 6.7 倍左右。如果 PER 被认为"过低"，且被要求回购到 PER 为 10 倍时，股价可能会上涨到 1 500 日元，就是这样一个逻辑。

通常在 3 月决算的公司会在发布年终报告的时候同时公布是否回购自家股票，从 4 月到 5 月，回购自家股票的公告会不断增加。

比如，我在第二部分介绍的信越化学工业，在发布决算报告的时候宣布了回购 1 000 亿日元的自家股票，所以就算决算结果比去年同期有所下降，股价也没有下跌。

此外，股东优待当然好，但我并不是太在意。无论是持有几百股，还是像我这样持有几千股到几万股的股东，得到的优待条款都是一样的，所以我觉得它对我来说并没有太大的吸引力。

除此之外，重要的是我们要理解投资对象的商业模式。这是投资之神沃伦·巴菲特也认同的观点。

沃伦·巴菲特的投资风格基本上是长期投资，虽然这一点和我不同，但我们对于"因为公司正在发展，所以股价会上涨"的想法是一样的。

那么，当我们考虑什么样的企业会成长时，如果不了解它的商业模式，就无法做出判断。

巴菲特以很少购买高科技股票而闻名，我也很少购买与 IT 相关的股票。因为我不太了解这个行业的商业模式。

我偏好的行业是汽车行业和半导体行业。半导体行业曾经被称为"日本的半导体"，日本的半导体技术曾经在世界处于领先地位，从那时起我就开始购买这类股票。

顺便一提，我认为现在日本的半导体企业不够突出，是因为企业不够努力。现在岸田文雄[⊖]首相正在向各国呼吁投资日本的半导体企业，对此我抱有很大的期待。

我没有特别喜欢的股票。如果非要说一个，那就是我喜欢"股价上涨的股票"。因此，我偏好的股票每天都会有所变化。我不喜欢的股票则是"股价下跌的股票"。

　⊖　第 100、101 任日本首相。2024 年 10 月 1 日，日本岸田内阁在临时阁僚会议上集体辞职。——译者注

　　话虽如此，股市也有时兴和不时兴的东西，但我通常不会急于跟风。即使智能手机游戏很流行，我也不会去玩，因为我没有智能手机，所以不懂得如何使用，也不理解它的商业模式。

　　与拥有智能手机的人相比，我不清楚它的好处。因此，即使某只与之相关的股票在市场上受到好评并且股价上涨，我也不怎么买。在自己擅长的领域竞争也很重要。

适合日间交易的股票与不适合日间交易的股票

截至 2023 年，上市公司大约有 3 900 家。但绝不是说这些公司的股票都是"适合日间交易的股票"。

在股票中，有些股票适合长期持有，而有些股票则不适合长期持有。例如，价格急剧上涨的股票往往有价格急剧下跌的风险。因此，短期内价格急剧上涨的股票基本上不适合长期持有。

另一方面，适合日间交易的股票需要满足以下条件。

◎价格波动大

即使是优秀的企业，价格稳定的股票也不适合日间交易。与其持有每天稳定上涨 1 日元的股票，不如选择一天内价格波动数百日元的股票，这样可以赚取更多利润。

关于价格波动，我经常在日经 CNBC 上查看涨幅排名，当然也可以在网上查看，所以在网上查看价格波动较大的股票也是一个好方法。

◎交易数量尽量高

即使某只股票的涨幅较大，如果交易量低，也不能称为"适合日间交易的股票"。我关注的中小型股票中，股价较低的股票也不少，因此只要股价稍微变动一下，也可能会进入前述的股价涨幅排行榜。

某一天的股价涨幅排行榜

排名	股票名称	证券代码（市场）	股价涨幅（%）
1	Kushim	2345（标准板市场）	24.53
2	HAMMER CASTER	9331（成长板市场）	21.99
3	日本 ISK	7986（标准板市场）	21.89
4	三阳商会	8011（主要主板市场）	21.52
5	Nagahori	8139（标准板市场）	15.95

2023 年 10 月 6 日

特别是因为我有时会持有某只股票数千股至数万股，所以如果交易量太少，单是我的买卖就可能导致股价大幅波动，因此股票有一定程度的活跃交易是很重要的。

交易量可以在交易软件中个股的页面上轻松确认。

◎要有可以预测价格波动的信息

例如，如果前一日的股票公示（根据证券市场规则，上市公司必须尽早公开可能影响投资判断的重要信息）中公布了业绩调整等信息，那么可以很容易预测到该股票的股价会大幅上涨或下跌。

此外，如果美国的半导体股票下跌，日本也很可能受到余波影响。如果某公司发布新产品或服务的新闻公告，也可能会影响相关公司的股价。

不仅要关注 "个别股票的价格波动"，还要看到整个市场的趋势。

符合条件的股票会随着时间的变化而变化。我曾提到，迄今为止交易次数最多的是武藏精密工业，但最近并没有对这只股票进行太多交易。因为股票也有趋势。

即使介绍我正在频繁买卖的股票，当大家读到这本书的时候可能已经不一样了。因此，能否自己判断出趋势是很重要的。

作为参考，截至 2023 年 7 月，我个人交易次数较多的股票包括三和科技（Sanwa Technos）和 QD Laser 等。

三和科技是一家创建于 1949 年并于 1982 年上市的有悠

久历史的批发公司，它是一家很好的公司。在过去的一年里，我大约进行了 380 次买卖交易，但从未亏损。对于我来说，这是一只非常吉利的股票。

2021 年 1 月，股价约为 1 000 日元，后来股价稳步上升，截至 2023 年 10 月 6 日，股价已轻松超过 2 000 日元。分红收益率为 4.16%，处于较高水平，预计每股分红为 90 日元。市净率为 0.73 倍，表明股价仍有一定的成长空间，市值总额为 347 亿日元，规模仍然较小。

市净率是判断股价高低的一个指标，计算公式为：市净率 = 每股市价 ÷ 每股净资产（包括土地、工厂、设备、有价证券等）。

2023 年，东京证券交易所要求那些市净率（解散价值）低于 1 倍的公司进行改善，一度成为话题。

从事半导体激光器业务的 QD Laser 于 2021 年上市，上市首日股价一度升至 2 070 日元，但后来跌至 400 日元左右。截至 2023 年 10 月 6 日，股价在 720 日元左右波动。

从 2023 年 7 月的时点来看，年初至今的最低价是 494 日元，最高价是 984 日元。这只股票的波动很大，即使股价达到 500 日元或者 1 000 日元，也不会觉得奇怪。

如果以 500 日元的价格买入 1 万股，然后以 950 日元的价格卖出，仅此一项就能赚取 450 万日元的利润。这只股票在交易者中非常受欢迎。我这一年也进行了大约 450 次买卖。

一般来说，刚上市的股票往往波动较大。这其中有赚钱的机会，但同时也存在风险，因为市场对它们的评估尚未稳定。而上市一段时间的公司，市场评估会相对稳定，股价波动也会趋于平稳，如果能把握图表的走势，交易起来会更容易。

中小型股票才是主战场

我的主战场是中小型股票。目前，东京证券交易所分为"主要主板市场""标准板市场"和"成长板市场"三个部分。这是在 2022 年重新规定的，我认为这有助于我们理解市场。

对于这三个市场的定义，请大家参考下面的表格。

"主要主板市场""标准板市场"和"成长板市场"的区别

主要主板市场	面向拥有可能成为众多机构投资者投资对象的市值规模（流动性)，具备更高管理水平，并以与投资者之间的建设性对话为中心，致力于实现持续成长和中长期企业价值提升的企业市场
标准板市场	面向公开市场中的投资对象具有一定市值（流动性)，作为上市公司具备基本的管理水平，并承诺实现持续增长和中长期企业价值提升的企业市场
成长板市场	为了实现高成长可能性，适时、恰当地公开事业计划及其进展，获得一定的市场评价。但从业绩的角度来看，面向风险相对较高的企业市场

关键的是，大企业属于主要主板市场，即使是上市公司，规模较小的也属于成长市场。但是，并不是说主要主板市场就没有中小型股票。我自己并没有特别注重区分市场来进行交易。

如果用日本的职业棒球来比喻，就像是属于太平洋联盟还是中央联盟一样的问题。

不过，属于哪个市场会成为选股时的一个指标。

我不选择大型股票作为主战场的理由有几个。其中主要是因为在大型股票中战胜机构投资者很困难，而且它们的价格波动不活跃。

在大型股票中，将与被称为"机构投资者"的大宗法人投资者成为竞争对手。机构投资者包括银行、对冲基金、人寿保险公司、互助组织、投资顾问公司等。

日本国内最大的机构投资者是管理国民退休金等公共养老金的"日本政府养老金投资基金（GPIF）"。

具体来说，需要满足以下基本要求。

市场	股东数	流通股票数量	流通股票的市值总额	成交额及成交数量
主要主板市场	800 人以上	2 万手以上	100 亿日元以上	（新增） 总市值 250 亿日元以上 （保持） 平均交易金额 0.2 亿日元以上
标准板市场	400 人以上	2 000 手以上	10 亿日元以上	（保持） 每月平均 10 手以上
成长板市场	150 人以上	1 000 手以上	5 亿日元以上	（保持） 每月平均 10 手以上

　　机构投资者通常会在内部设立一些运作规定，但也有很多案例显示它们会将市值较小的股票排除在投资对象外。这是因为，对于市值和交易量较小的小型股票来说，如果机构投资者下达大额订单，就足以影响股价，而且买入并持有一定比例的股份也需要花费相应的时间。

　　此外，一般来说，机构投资者倾向于避免高风险投资。这些公司会将从客户那里收到的保险费和存款用于投资。在当前超低利率的环境下，仅靠主营业务是无法获得足够利润的。

　　因此，他们更倾向于投资稳定的大型股票。

　　前文我提到"在大型股票中很难战胜机构投资者"，但我自己拥有将近70年的股市投资经验，所以在经验和技术方面，我不会输给专业的基金经理。

　　我甚至认为，我与证券公司员工或在电视上谈论经济的人相比，在交易技术方面并不逊色。

　　但是，就组织整体的信息力、前沿的高科技计算机的使用和资金实力而言，无论如何我都比不上机构投资者。

　　他们会充分利用"作为大型组织成员"的身份，收集信息。这些信息基本都是我获取不到的。

而且，机构投资者从稍早开始就利用人工智能（AI）进行所谓的"算法交易"。这是一种利用计算机根据过去的数据自动决定股票买卖订单的数量和时机的交易方式。

算法交易具体是什么呢，我来举几个例子。

- 虚拟订单。实际上没有买卖意愿，却故意放出大额订单以吸引其他投资者下单。
- 隐形订单。这是一种避免被市场察觉而下单的方法。在买卖盘上没有明显的大订单，但个人投资者若尝试下单，就会被察觉并瞬间跟进。
- 对新闻做出反应。监控社会新闻和经济指标的计算机，一旦有信息发布就会立即做出反应。

随着人工智能的发展，预计利用这些技术的交易的准确度将不断提高。

因此，在那些可能会利用算法交易自动下单的大型股票市场上，至少对于日间交易员来说，最好避免与其正面交锋。

由于有很多人买卖大型股票，其价格波动并不那么活跃。日间交易是利用短期的价格波动来获利的交易方式，所以选择价格波动活跃一些的股票会更好。

茂先生珍藏的市场格言④

『峰高则谷深』
——正因为暴涨所以不能出手

　　这句日语格言指出了股价暴涨后往往容易暴跌。股价上涨时人们往往容易认为"还会继续上涨"，但是对于不熟悉的股票，如果只因为它有所上涨就轻易跟风投资，很可能会遭受巨大的损失。为了避免在高价买入后遭受巨大损失，越是在股价上涨的时候，我们越需要保持警惕。

重视"技术分析"

经常有人问我:"你是如何把握卖出时机和买入时机的?"老实说,我很难回答这个问题。

难就难在我有着近70年的投资经验,所以往往直接根据图表和买卖盘,凭借直觉就能判断"这时该买"或"这时该卖"。将这种直觉用语言表达出来,可以说是非常困难的。

当然,并非一切都完全基于经验。

在这里,我想介绍一个我每天都在实际使用并且任何人都可以使用的方法,那就是"技术分析"。

众所周知,对于投资者来说,分析市场的方法大致可以分为"基本面分析"和"技术分析"两种。

- 基本面分析。基本面分析是以经济新闻和各国的经济指标为基础,分析当前的市场价格,并预测今后的市场走势的一种方法。

- 技术分析。技术分析是通过过去的价格走势来预测
  今后股价的一种方法。

如果可以结合两种方法是最好不过了。特别是基本面分析，如果你正在炒股，你自然而然会对新闻感兴趣，所以或多或少会有所了解。但作为日间交易员，我更重视技术分析。

虽然对整个经济趋势的了解确实很重要，但在日本生活，不懂英语的情况下，想要预测美联储的想法是不可能的。

通过过去的价格走势来预测未来，所有的信息都是已知的，所以给出的条件是公平的，而且任何人都可以使用技术分析。

这里使用的是图表，即使你非常精通技术分析，也不能保证全部都能预测正确。尽管如此，通过利用图表这样肉眼可见的工具，可以减少因"感觉可能会上涨"而购买、最终失败的情况。

虽然统一说成"技术分析"，但具体存在各种分析方法。

技术分析指标

- 蜡烛图分析。

- 新三价线图表。

- 量价分布图 。

- 趋势分析。判断市场的总体方向。

　　例：移动平均线、一目均衡表、包络线指标、布林带、抛物线指标、方向移动指数（DMI）、MACD。

- 相对强弱分析。感知趋势的强度和市场情绪等变化的大小和征兆。

　　例：乖离率指标、心理线、随机指标、顺位相关指数（RCI）、RSI。

- 形态分析。从具有特征性的各图表形态中预测未来股价的走势。

　　例：三角形整理、碟形顶与碟形底、双重底与双重顶、头肩顶。

　　需要借助的指标因时而异。有时根据某个指标应该 "买入"，但从另一个指标却看不出来，这种情况并不少见。

　　因此，不要只局限于一个指标，而是要综合观察多个指标，这是非常重要的。然而，实际上也不可能兼顾到刚才介绍的所有指标。时间总是不够用的。

在这些指标中，我最常使用的是蜡烛图和 RSI。RSI 的范围是 0 到 100%，通常低于 30% 被认为是超卖，超过 70% 则被认为是超买。

接下来是量价分布图、用于判断行情方向的 MACD，以及考虑过去一定时期内投资者的买卖成本来计算行情转折点的一目均衡表，还有用于测量行情方向的新三价线图表。以上顺序是根据我的使用频率来排列的。

如果不实际进行交易，有些地方可能会难以理解，但我会从基础开始逐一为大家解释。

蜡烛图

所谓蜡烛图，是利用一定时期内的"开盘价""最高价""最低价""收盘价"生成的一个棒状图。可以说是所有图表的基础。

所谓的"一定时期"，可以是 1 分钟、5 分钟、30 分钟、1 小时、1 天、1 周、1 个月等各种区间。我自己经常看 5 分钟的蜡烛图。

开盘价：一定时期开始时的价格。

最高价：一定时期内最高的价格。

最低价：一定时期内最低的价格。

收盘价：一定时期结束时的价格。

蜡烛图的"4个值"是什么?

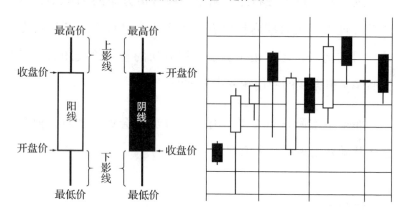

这种图形与点燃的蜡烛相似，因此被称为"蜡烛图"。通过排列这些蜡烛图，可以一目了然地掌握当前价格是高还是低，以及在一定时期内的价格变动等市场趋势。

现在虽然全球都在使用蜡烛图，但众所周知，它起源于日本。据说是在江户时代由一位米商设计，并在堂岛的大米交易中使用。

蜡烛图分为"大阳线""大阴线"和"十字线"等。阳线是收盘价高于开盘价的情况，阳线通常用白色或红色表示。

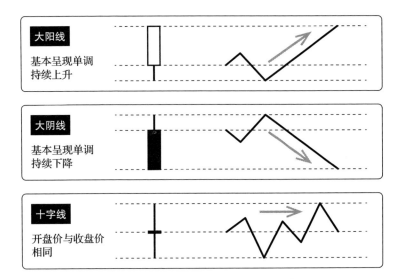

相反，阴线通常是收盘价低于开盘价的情况，通常用黑色或蓝色表示。

在上涨的行情中，阳线出现得比较多。从被四边形包围的部分（实体）向上延伸的线称为"上影线"，向下延伸的线称为"下影线"，分别表示"最高价"和"最低价"。理解蜡烛图对掌握买卖的"情况"和"时机"是很重要的。

大阳线与大阴线

与其他蜡烛图相比，大阳线与大阴线的实体部分比较大。

大阳线：持续买盘势头。在市场走低时，大阳线是转入上涨趋势的信号。

大阴线：持续卖盘势头。在市场走高时，大阴线是转入下降趋势的信号。

十字线

十字线是开盘价和收盘价相同，上下影线的长度也差不多，表示买卖双方力量在相互抗衡，暗示着市场趋势的变化。

小阳线与小阴线

小阳线与小阴线是上下影线较短，实体部分较小。两者都表示行情的迷茫。

阳线光头光脚和阴线光头光脚

这是两种没有上下影线的形态。

阳线光头光脚：买盘势头强劲，预计未来将继续上涨。

阴线光头光脚：卖盘势头强劲，预计未来将继续下跌。

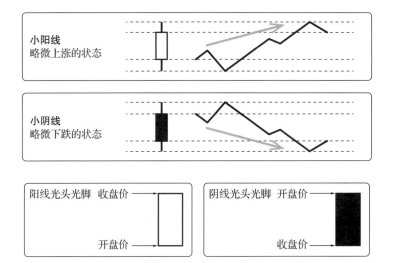

上影阳线、上影阴线

上影线较长的蜡烛图。如果出现在高价格区域，则可能预示着下跌；如果出现在低价格区域，则可能预示着上涨。

下影阳线、下影阴线

下影线较长的蜡烛图。如果出现在高价格区域，则可能预示着下跌；如果出现在低价格区域，则可能预示着上涨。

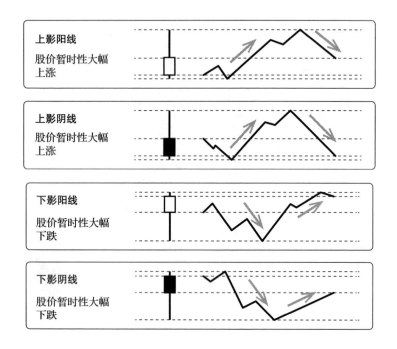

蜡烛图组合

吞没线：在大阳线或大阴线之后出现小阳线或小阴线的情况。

大阳线之后出现小阳线或小阴线：买盘力量减弱。

大阴线之后出现小阳线或小阴线：卖盘力量减弱。

怀抱线：在小阳线或小阴线之后出现大阳线或大阴线的情况。

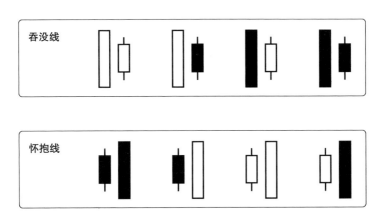

在上涨行情中，出现小阴线之后紧跟着大阴线的情况：表示股价可能到达顶部。

在下跌行情中，出现小阴线之后紧跟着大阳线的情况：表示股价可能到达底部。

三山、三川

用于分析蜡烛图的"酒田五法"中的两种。

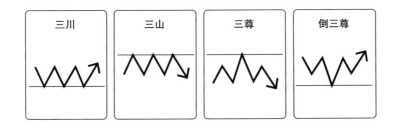

三山：尝试上升三次但未能成功上升时出现。卖出信号。
如果三个山峰中中间的山峰最高，则称为"三尊"。

三川：尝试下降三次但未能成功下降时出现。买入信号。
如果三个山谷中中间的山谷最低，则称为"倒三尊"。

量价分布图

这是根据过去买卖成立的股数，按不同价格区间汇总的
指标。例如，我们假设某只股票被大量买入，价格上涨到530
日元，紧接着跌至500日元。

在高价时买入的投资者倾向于在"下次股价回升时就
卖出"。

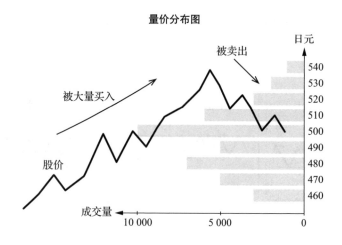

量价分布图

可以看出，如果成交价格比现在股价更高的交易很多，
股价停止上涨的可能性很高。

相反，在成交较少的价格区间，股价的波动较小，容易
突然急剧上升或急剧下降。

RSI

RSI（Relative Strength Index）是一个用来观察股票超买
或者超卖的指标，可以用以下公式来表示。

RSI = 一定时期内上涨幅度的总和 ÷ 同一时期的上涨幅度
和下跌幅度的总和×100%

数值以 1%～100% 表示，70% 以上被判断为超买，30% 以下被判断为超卖。"一定期间"可以自行设置，但多数情况下以 14 天来计算。

RSI 一般被运用在上限和下限价格固定的"区间震荡市场"中。

相反，在股价波动较大的"趋势市场"中，即使看起来"超买"，市场价格也可能进一步上涨；即使看起来"超卖"，市场价格也可能进一步下跌。

MACD（Moving Average Convergence Divergence）是通过观察"MACD 线"和"MACD 信号线"这两根线的交叉来判断买入时机和卖出时机的方法。与 RSI 不同，这是一种在趋势形成时较容易利用的指标。

MACD 原本就是基于技术指标之一的"移动平均线"而诞生的。移动平均线是指将一定时期内的收盘价格的平均值连接起来的折线图。

移动平均线向上走：上涨趋势。
移动平均线向下走：下跌趋势。

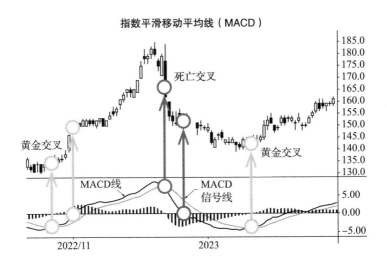

指数平滑移动平均线（MACD）

如果价格在移动平均线之上，则市场走强；如果价格在移动平均线之下，则市场走弱。这一部分的内容可能有点难，你可以选择跳过这部分。MACD 线显示的是"短期指数平滑移动平均线与长期指数平滑移动平均线"。

所谓的"指数平滑移动平均线"，是在计算时给予近期价格比过去价格更多权重的值。而" MACD 信号线"，指的是MACD 线的指数平滑移动平均线。

虽然听起来可能有些难懂，但是看图并不难。关键是观察两条线的交叉点。

黄金交叉：MACD 线从下方穿越 MACD 信号线的位置，即 "买入信号"。

死亡交叉：MACD 线从上方穿越 MACD 信号线的位置，即 "卖出信号"。

另外，即使两条线不交叉，如果两条线的方向都是向上就处于上涨趋势，如果是向下就处于下跌趋势。

新价线

这是一种排除了时间概念的罕见技术分析。有 "新三价线" "新五价线" "新十价线" 等，我使用的是新三价线。每当股价的收盘价刷新历史最高点或最低点时，我就会记录在表格中。

所谓的新三价线，是指包含前面 "3 条" 连续的阳线或阴线。这可能有些难以理解，所以我借助具体的数值来解释一下。

第 1 天 1 000 日元

第 2 天 1 020 日元（最高价）

第 3 天 1 040 日元（最高价）

第 4 天 1 060 日元（最高价）

第 5 天 1 080 日元（最高价）

第 6 天 1 070 日元（回落）

第 7 天 1 030 日元（低于 3 条阳线的最低价，标记为阴线）

第 8 天 1 020 日元（最低价）

像这样，低于 3 条连续阳线的阴线称为"黑色反转线"，相反，高于 3 条连续阴线的阳线称为"白色反转线"。转变的点分别是卖出信号和买入信号。在出现新的最高价或最低价之前不会更新，所以表格可能会有一段时间保持不变。

什么是"黑色反转线"和"白色反转线"？

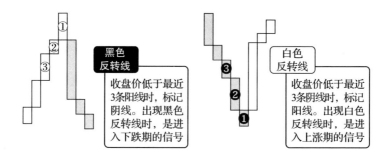

黑色反转线
收盘价低于最近 3 条阳线时，标记阴线。出现黑色反转线时，是进入下跌期的信号

白色反转线
收盘价低于最近 3 条阴线时，标记阳线。出现白色反转线时，是进入上涨期的信号

一目均衡表

一目均衡表是在昭和[○]初期由一位笔名为"一目山人"的日本股票评论家细田悟一创造的。它基于这样的思想："市场

○ "昭和"是日本第 124 代天皇裕仁在位使用的年号，使用时间为 1926 年 12 月 25 日至 1989 年 1 月 7 日。

会朝着买卖双方平衡被打破的方向移动，市场的走势由此一目了然。"

一目均衡表由蜡烛图和 5 条线组成。

- 基准线：连接过去 26 天的最高价和最低价中间值的线。
- 转换线：连接过去 9 天的最高价和最低价中间值的线。
- 先行带 A：将基准线和转换线的中值记录在 26 天后的线。
- 先行带 B：将过去 52 天的最高价和最低价记录在 26 天后的线。
- 延迟线：将当天的收盘价记录到 26 天前的线。

如果你是初学者，记住每一条线的具体含义可能比较困难，但至少要记住这些线的名称。

它们分别可以这样使用。

如何利用基准线和转换线：

- 基准线向上走：上涨趋势。
- 基准线向下走：下跌趋势。

- 基准线向上走时，转换线从基准线下方穿过上方（黄金交叉）：买入信号（好转）。
- 基准线向下走时，转换线从基准线上方穿过下方（死亡交叉）：卖出信号（逆转）。

如何利用先行带：

- 先行带 A 和先行带 B 之间的区域称为"云"。
- 蜡烛图位于云的上方：市场走强。蜡烛图从云下方突破到上方时，是上涨信号（好转）。
- 蜡烛图位于云的下方：市场走弱。蜡烛图从云上方突破到下方时，是下跌信号（逆转）。

如何利用延迟线：

- 当延迟线高于蜡烛图的实体时：买入信号（好转）。
- 当延迟线低于蜡烛图的实体时：卖出信号（反转）。

我想大家应该知道"好转"的条件有三个。这三个条件分别是"转换线在基准线之上""蜡烛图在云之上""延迟线在蜡烛图之上"。当这三个条件都满足时，我们称为"三役好转"，这是一个非常强烈的买入信号。

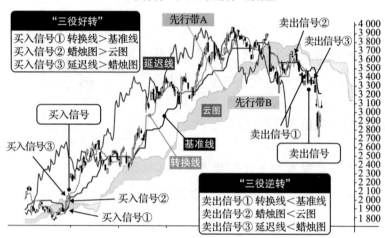

"三役好转"和"三役逆转"的特点

我上面介绍的这些图表，在技术分析中都是很基础的。

与实际的图表进行对照，在一定程度上你应该能够很快地开始使用它们。

虽然有很多指标，但简单且能够长期使用的指标是最有用的。作为一个有着68年投资经验的人，我说的话应该还是有可信度的。

买卖时机

那么，具体来说，我们如何利用图表来决定买卖时机呢？

作为一个基本原则，我买卖股票的时机很简单。

卖出被买入的股票，买入被卖出的股票。

买入的时机是我觉得"便宜"的时候，卖出的时机是我觉得"贵"的时候。基本来说就是这么简单。

如果你认为明天的价格会比今天便宜，即使今天的价格已经很低，你也得卖出。反之亦然。如果你只是抱着"可能会上涨"的侥幸心理，你只会受挫。即使只上涨了 3 日元、5 日元，也要卖出。这很重要。

从买卖盘信息中探寻其他投资者的动向，同时决定下一步行动

　　虽然推测时机需要借助的是图表，但是当你看到股价板上买卖活跃时，你就会被个股的信息所吸引。所以首先查看买卖盘，确认一下以什么价格出了多少订单。

　　然后再查看图表。我通常会先查看蜡烛图（5 分钟图）的量价分布图、RSI 和 MACD。

　　接下来，将 5 分钟图换成日图或周图。特别是 RSI，与 5 分钟图相比，日图、周图、月图更能准确反映市场的过热感。但是，当你看周图或月图时，周图反映的是从周一开始的股票价格，月图反映的是月初的股票价格，所以需要在脑海中进行微调。

　　如果买卖活跃，RSI 达到 70%，就可以下卖出订单。相反，如果 RSI 低于 30%，就可以买入。如果图表中有三山、三川，那就更好了。

　　即使图表看起来股价呈不断上升的趋势，似乎值得期待，但如果 RSI 接近 70%，那么这也是一个卖出的好时机。

　　RSI 经常会持续一段时间保持相似的数字，所以遵循 "1：2：6" 的规则，首先在超过 70% 时先卖出一部分也是十分有利的。

当然，也有 RSI 上升到 80%、90% 的情况，但在那时我不会想"哎呀！要是没卖就好了"。因为这种情况只是"偶然"。抱着这样的期待投资，和半途而废没有区别。

RSI 在我看来是一个非常有力的指标，我每天都会在交易记录的笔记本中记录下来。话虽如此，市场上当然没有"绝对"的东西。如果有的话，大家都会利用它来赚钱，不是吗？

即使是 RSI，同样是 50% 可能意味着买入，也可能意味着卖出。为了提高准确率，重要的是了解该股票的特点，并与其他指标进行比较。

我将展示我认为面向 2030 年应该考虑持有的股票——G-Tekt 汽车用品的半年图表。

本田系汽车骨架冲压部件制造商G-Tekt汽车用品（5970）

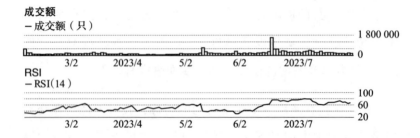

从蜡烛图日图来看，买入的最佳时机是 6 月 1 日。当天 RSI 的值为"29%"。这正是表示"超卖"的数值。

当天的股票最高价为 1 329 日元，最低价为 1 313 日元。到了 6 月 19 日，RSI 为 78%，最高价为 1 662 日元，最低价为 1 571 日元。在不到三周的时间里，RSI 的变动如此之大。

如果 RSI 达到 29%，大胆买入，肯定是不会失败的。

例如，如果买入 5 000 股，股价稍微上涨一点就逐步卖出，然后再在低价买入，通过不断重复这种买卖操作，同时保持 5 000 股的持仓，在 6 月 19 日将所有 5 000 股全部卖出，假设在 6 月 1 日的最高价买入，在 6 月 19 日的最低价卖出，那么仅在那一天就可以获得 121 万日元的利润。

6 月 19 日的成交额也很高，是一个绝佳的卖出时机。

如果图像这样容易理解就好了，但 RSI 既不能说是"好"，也不能说是"坏"。在买卖决策困难，或者想要通过其他指标来确认时，可以查看新三价线或者一目均衡表。

这些图表凝聚了先人的智慧，非常有用，但并不是所有指标都能显示"买入时机"和"卖出时机"。即使是同样的景色，从上面看、从侧面看、从下面看，看到的样子也会有所不同。股票也是同样的道理。

从一目均衡表来看，6 月 19 日正是"转换线高于基准线""蜡烛图高于云""延迟线高于蜡烛图"的一天，可以预测"接下来应该会上涨"。

因此，即使确定在这一天卖出，也要考虑到"虽然 RSI 很高，但从一目均衡表来看应该还会上涨，于是卖掉一部分，留下一部分"，或者"RSI 达到 78% 太高了，先全部卖掉吧"。

此外，RSI 说到底就是"一定时期内上涨幅度的总和 ÷ 同一时期的上涨幅度和下跌幅度的总和 ×100"所表示的数字，所以并不是股价上涨了 RSI 就一定高。

例如 7 月 26 日，股价达到 1 856 日元的高点时，RSI 是 71%，比 6 月 19 日股价达到 1 662 日元的高点时还要低。

另外，特别是对于初学者来说，仅仅因为在股价急剧下跌时 RSI 下降就认为"现在就是底部"而买入是非常危险的。在你认为是"底部"的地方，很多时候其实并不是真正的底部。在急剧下跌时，等待真正触底后再买入也是非常重要的。

首先，利用 RSI 和蜡烛图来判断买入和卖出的时机是基础。然后，建议大家尝试使用简单的技术分析指标，找到适合自己的操作方式。

初学者可能觉得仅凭文字难以理解，我希望你能亲自将这些内容运用到实际的股票走势分析中，以便更好地理解。

对"决算操作"充满信心

公布决算的季节真的很忙。必须得确认平时交易的股票的决算结果。因为决算公布大致都在同一个时期，有时候一天会有数十件，甚至有时候多达数百件。

而且，决算是一年公布四次。根据法律规定，上市公司必须在每个季度结束后的 45 天内提交"季度报告"。同样，在这个时间点上，也会公布"决算信息"。

比如说，如果是 3 月底的决算，那么很多时候会在 5 月中旬左右公布，然后在那之后的三个月，就会公布这三个月以及下一个季度的决算。以前我也参加过股东大会，但现在上网更加方便和快捷，我几乎不去线下参会了。

对于我持有的股票，我会确认决算的日期和公布时间，并记在日历上。以决算内容为依据、以短期利润为目标进行买卖的行为被称为"决算操作"。我对这种决算操作相当有信心。

首先，临近决算时，需要判断某家企业的股票在决算时是上涨还是下跌。如果预计会有好的决算结果，就需要增加购买；如果预计会有不好的决算结果，那么在决算前就得卖出。

为了做出正确的判断，确认市场的走势也很重要。为此，我会利用电视、报纸、网络媒体、杂志等。

这里的难点在于，即使决算结果好或者不好，也不会直接反映在决算公布后的股价上。即使决算公布的内容是好的，如果市场对这些内容的期待过高，那么股价可能会因为"已经受到好信息的影响"而不会上涨。

同样，即使决算内容并没有那么好，如果市场原本预测会更糟，那么股价可能会因为"已经受到坏信息的影响"而反弹。

需要结合在决算公布前的信息来判断股价是会上涨还是会下跌。

此外，按照常理，决算内容在公布前是绝对不能被泄露的。但是，如果你观察决算公布前的股价，会发现有时候股价的上涨或下跌并没有明显的相关因素。

这可能是因为决算内容已经被泄露，并且这种被泄露的信息已经反映在股价上。因此，我们也不能忽视这种"可疑的动向"。

当然，不能因为在决算公布前股价异常上涨就想着"哈哈，这可能是决算内容泄露了，肯定要买入啊"，然后去买股票。因为公布的决算内容有时候可能会让市场失望，导致股价大幅下跌。这也是股票的复杂之处。

然后，一旦决算公布，就需要迅速确认内容。决算公布通常发生在收盘后，但在第二天，股价会根据公布的结果而波动，就像是与时间赛跑似的。

我们有可能因为犹豫不决而错过了获利的机会，或者造成大额亏损。

具体来说，我们需要确认"收益性变得如何"以及"与预期的偏差是怎样的"。如果业绩预期被上调，那么股价就会上涨；相反，则会下跌。

即使企业的收入和利润增加了，重要的是"与预期相比如何"。如果与预期相比是减少的，股价就会下跌。股价要上涨，至少需要达到预期，最好是有超出预期的决算结果。

不仅要提前预期，还要把预期与实际业绩相比，形成自己的思考更为重要。例如，假设有一家预计年销售额为 40 亿日元的企业。如果第一财季的销售额为 12 亿日元，那么以年为单位，简单计算就会得出 48 亿日元，对吧？这样的话，基本上就是可以选择"买入"的情况。

当决算公布后，我会在笔记本上记录是否根据公布的决算内容买入该股票。

如果要买入，就写"A"；一般般就写"B"；暂时观望就写"C"。此外，我还会在这些等级中进一步细分评价，比如"AAA"或者"B＋"等。

还有"注"。标注"注"的是那些"现在的价格我不会买，但如果将来价格下跌我就会买"的股票。

即使是没有公布的信息，也要学会从决算中读取。将当前的分红与预期进行比较，如果决算内容良好，我就会预计"今后可能会增加分红"。如果增加分红，股价可能会上涨，所以我会认为"先买下来也不会吃亏"。

对于一次决算，需要考虑这么多东西。

充分利用《公司四季报》

阅读图表很重要，但收集信息也是非常重要的一环。打个比方，个别股票的图表就像是"叶子"。要解读叶子的动向，就必须观察树枝、整个树木的动向，甚至是整个森林的动向。

树枝对应着"决算"，树木对应着"日本经济"，那么森林就应该对应着"世界经济"吧。

我只要醒着，就会开着日经 CNBC，也会浏览报纸和杂志，尽可能地收集信息。然后，我会在心中做一些预想。

《公司四季报》（后简称四季报）也是个人投资者的强有力的助手。四季报是每个季度初发行的，刊登了所有上市公司的业绩预测等内容。

《公司四季报》创刊于 1936 年，和我是同年诞生的呢。现在也可以在网上浏览在线版，但我主要看纸质版。每个刊号都有如下特点。

- 夏刊（6月）：约70%的上市公司在3月底结算，因此夏刊除了完全收录决算结果，还会刊登新财年的预测。
- 秋刊（9月）：刊登第一季度业绩，并开始预测难以实现全年业绩目标的企业。
- 新春刊（12月）：刊登全年业绩的预测，很考验记者的能力。
- 春刊（3月）：全年业绩几乎已成定局，人们开始关注下一期的动向，是提前买入下个季度有潜力的企业的股票的好时机。

我订阅了四季报，这样我就能比发售日早一天收到。提前一天的时间差让我感到很高兴。因为，与没有订阅的人相比，我能早一天获得信息。虽然字体对我来说有点小，但我可以利用放大镜进行阅读。

在四季报中，业绩报道、财务状况、业绩数字等都被紧凑地汇总在一起。关于业绩预测，既有公司公布的，也有记者自己独立预测的。我认为这一点做得很不错。

我不仅关注我持有的股票，还会浏览所有页面。我最关心的还是业绩情况。有时候，即使是我从未购买过的股票，通过阅读四季报也会激发我的兴趣，并促使我购买。

营业利润是否增加，即使不读文章，只看栏目外的记号就能知道，所以对于初学者来说，先从寻找这样的记号开始也不错。

我在决算公布的时候，会将我持有的股票的结算内容与四季报的预测进行比较，这有利于进一步预测全年业绩。

此外，四季报上还会刊登排名前 10 的大股东的名字和持股数量。在 2023 年四季报的春刊中，"StorageOh"和"东武住贩"两家公司刊登了我的名字。

我已经习惯了在某个公司的大股东名单上看到自己的名字，所以并没有太多感慨。但作为大股东，名字被刊登出来，是某些"个人投资者的梦想"。

此外，对于那些拥有公司已发行股份的 10% 以上的大股东来说，有一条规则是必须进行"内部知情人登记"。

当他们打算买卖该公司的股票时，必须勾选"我属于内部人员，但不涉及内幕交易"这一复选框，才能进行。这是不是有点麻烦呢。

『渔师观潮』
——个人投资者一定要看图表

茂先生珍藏的市场格言⑤

捕鱼时，渔民会重视潮水的流动。股票投资也是如此。不是依赖直觉，而是通过仔细确认图表这一过去的走势和经济趋势，顺应趋势进行交易，最终才能取得成果。

专栏③

每天早晨散步时寻找投资的灵感

看起来似乎与投资无关的日常生活，其实与投资是密不可分的。散步就是其中之一。我平时散步会花 40～50 分钟，周末散步则会花 2 小时。

神户是一个靠近海和山的地方，工作日我会走到陡坡上的公园，而周末则会一直走到山腰的神社。到地方后，我会做一些伸展运动。因为平时总是坐着不动，所以这时我会特别注意舒展身体。

在早晨散步的过程中，顺便来到公园，不忘进行腿部和
腰部的拉伸，以保持身体健康

此外，周末拜访的神社位于六甲山的登山道上，前来参拜的游客很多，好像也有每天都爬上来的人，其中也有许多跟我差不多年龄的人呢。

坡道陡到骑自行车上去都很困难，但是景色很好，我的心情很愉快。

散步的时间不固定，但因为早上 8 点前必须回到家，所以最晚我也会在 7 点左右出门。通常，我会在确认了期货后稍作休息，在 6 点到 7 点之间出发散步。

在家附近，每天早上 6 点半就有人开始做广播体操，所以我经常遇见那些参加活动的老年人。如果他们回家也无事可做，要不要也考虑一下炒股。

散步的主要目的是增强体力。长时间坐在椅子上对身体不好，所以不管多忙，我都会确保有散步的时间。随着年龄的增长，我认为主动增强体力是很重要的。毕竟没有健康，又何谈投资呢。

散步的好处不仅仅是可以增强体质，还可以获得对投资有用的信息。在散步的路上有铁路，我会发现"与新冠疫情前相比，电车上的人变多了"，看到货运列车时，我会思考"现在的货物运输需求如何"。这有时会影响到我对运输行业的投资。

由于 2024 年卡车运输行业实施加班劳动限制，作为替代运输手段的货运铁路受到了关注。尽管铁路行业在新冠疫情期间受到了重创，但在这些领域可能还有望得到发展。

或者，我会关注投币式停车场，如果我觉得"最近车停得很多"，我就会去查看运营公司的业绩。当然，仅凭一个停车场来下判断还为时过早，所以我也会关注其他停车场。

在早上散步的途中观察投币式停车场，并收集与股票投资相关的信息

如果散步途中的空地开始建房，我会确认"是哪家房地产公司在建房"。如果是一个经常看到的公司名字，我就可以知道"这家建筑公司最近发展势头不错"。

尽管如此，我觉得现在的建设速度比过去慢了。即使是过去很快就能卖出去的房子，现在很多都没有买家。我家附近是一个宜居且相对受欢迎的地方，但相应的价格也比较高。

虽然受欢迎但卖不出去，据此我得出这样的结论："现在买不起这个价格房子的人比以前更多了。"

即使日经平均股价达到了久违的高价区域，日本经济本身却明显可见地比从前更加疲软。

车站前的店铺更迭也预示着经济的衰退。

近年来，以银行和房地产公司为始，我居住的地方已经有不少店面搬走，光从这一点就能看出"这个地区的富裕阶层在不断减少"。

曾经的高级面包店，不知在什么时候也撤店了。

我有时会去神户市中心，之前由于新冠疫情，一直减少的外国游客量最近也有所增加。在这种情况下，可以对入境（访日外国游客）相关的股票给予一点希望。看到人们排队的商店，就能知道现在流行什么。

综合我上面所举的例子，与自己周围的事物相关联的投资，必然是存在的。如果是自己喜欢的商品的公司，也会想要支持它。

虽然与我无关，但如果家里有小孩，可能会倾向于关注家庭餐厅或购物中心的租户的动向。

我对最近的 AI 等高科技股票不太了解，所以不太进行这方面的买卖。但如果对这些技术有所了解，我可能比其他人更能在这些领域的股票上赚钱。住在本地的人，应该比住在其他地方的人更了解本地的强势企业。

股票入门，绝对不是一件难事。

首先，从你觉得"这个公司我很了解""我喜欢这个公司"的公司开始，从自己有把握的公司的股票开始就好了。当然，如果只是因为"喜欢"就购买，也有可能遭受重大损失。

必须仔细确认那家公司的业绩如何、分红如何等，这是毋庸置疑的。

PART

4

第四部分

涨则卖，跌则买

股价的波动并非由"信息"决定

股票的原则就是"涨则卖，跌则买"，这就是全部。这个本质无论过了多少年都不会改变。

但是，如果真正能做到这一点，就不用操心那么多了。

人们总是倾向于股票一涨就想买入，一跌就想卖出。这是一种愚蠢的本性。

很多在股票上失败的人都有以下这样的经历：

- 高价买入那些股价已经很高的股票，认为"还会继续涨"！
- 股价稍微涨了一点就因为害怕下跌而卖出。
- 即使股价下跌，还抱着"肯定会涨回来"的毫无根据的希望。
- 无计划地盲目买入，认为"现在就是买入时机"。
- 不加思索地买入知名投资者推荐的股票。

- 因为"感觉"或者"是知名企业"而买入股票。
- 原本打算"在价格下跌时买入",但价格一直不跌,
  结果错失买入机会。

这些是"普通"人的思维方式。作为投资者,要想成功,就必须摆脱这种"普通"。

只要和别人做一样的事情,就不可能比别人更成功。甚至可能在某个地方犯下大错,最终可能被迫退出股市。好不容易下定决心开始炒股,还没成功就放弃股票投资,那真是太可惜了。

股价的波动是因为有人买卖,不仅仅是因为信息本身。因此,真正重要的不仅仅是关注"信息",而是要考虑"人们对这些信息做出的反应(买卖)"。

对于信息,我们不能盲目跟风。也就是说,我们要学会"猜测投资者的心理"。

猜测投资者的心理,首先必须了解敌人。

如果能知道其他投资者是怎么想的就好了,但这是不可能做到的,因此需要在观察图表的价格波动的同时,猜测对

方在思考什么。

与我们进行利益斗争的对手，包括从投资银行和对冲基金这样的投资者，到大宗股东、资深的个人投资者，甚至刚入门的人，各种各样的人都有。

即使是预计会上涨的有潜力的股票，也不是"随时都可以买"的。任何股票都有"应该买的时机"和"应该卖的时机"。如果不能判断时机，就无法生存，这是一个残酷的世界。

在这样一个残酷的世界中，能够不断获胜的，可能只有天才或骗子，我每天都在这样想。但正是在这样残酷的世界中，我获胜时才会感到非常高兴。

有的投资者会故意做出迷惑其他投资者的行为。猜测这些刻意为之的投资者的心理，可以减少我们被其欺骗的可能。在股票交易中，有时候即使没有出现任何股价上涨（或下跌）的信息，股价也会突然变动。在这种情况下，我们需要保持警惕。

在买卖中，如果没有最终成交的意图却发布大量订单，这被称为"虚拟订单"。

"虚拟订单"是什么?

卖盘数量	买卖价	买盘数量
300	1 020	
500	1 010	
400	1 000	
	990	5 000
	980	6 000
	970	4 500
	960	300

这本是被禁止的行为,但在实际交易中,有很多订单看起来"显然是虚拟订单"。

让我们在这里具体解释一下什么是"虚拟订单"。

请大家看一下"'虚拟订单'是什么?"的买卖盘,简单来说,对于卖家而言,他们考虑的是"在970日元到990日元之间可以卖出,但如果可能的话,希望能以更高的价格卖出"。对于买家而言,他们考虑的是"不出价到990日元就被别人买了"。

结果,股价朝1 000日元以上的价格移动。

然而,实际上,这些970日元到990日元的订单可能全都是"假的"。

这种行为是为了抬高自己购买的股票价格，故意下的虚假订单，然后在即将成交时立即取消订单。

接着在股价超过 1 000 日元时卖出，从而获利。当然，虽然有时是真的想卖，却意外变成了虚拟订单。但遗憾的是，确实有一些投资者故意将价格抬高。可以认为这种情况今后也不会消失。

这是一种以误导其他投资者为目的的相当"灰色"的行为。情况恶劣时，也可能因为违法操纵市场而被告发。

在股票的世界里，不乏那些想要"操纵股价"的"狡猾的聪明人"。

即使个人投资者知道"有虚拟订单"，但当大量的买卖订单显示在屏幕上时，越是经验不足的人就越容易受到影响，想要进行买卖。

仍有许多人会被虚拟订单所影响，这也是虚拟订单难以消失的原因。

判断对手下一步要做什么。用自己的头脑思考。如果不注意这两点，在股票市场就很容易成为"猎物"。

我所关注的公司发布新闻时，我会根据自己的方式判断"这条新闻会使股价上涨多少日元"。但是，很多人只是根据新闻和买卖盘上的动向做出判断。

对于一些有诱导买卖倾向的信息，他们很容易相信"这只股票值得买"或者"这只股票该卖"。

这样的人在看到公司发布了盈利或亏损的财报时，只会不加思索地判断"比预期好（坏）所以应该买入"。

总之，为了在股票市场中获胜，用自己的头脑思考，猜测其他投资者的心理，这两点是不可或缺的。

同时，不要被突然的下跌或上涨所困扰，专注于眼前的行情。没有人从一开始就能做到完美，但如果不从失败中学习、成长，就会在投资生涯中一直失败。

不依赖自己的直觉和成功经验

买卖股票的时机基本上取决于"经验"和"图表"。常言道，"有二就有三"，这句话同样适用于股票。

当你长期从事股票交易时，你会逐渐领悟到"在这只股票有这样的走势时就会变成这样"。

不过，我们不能仅依赖经验，还要认真分析图表。从不同角度观察图表，你就能明白接下来应该采取什么行动。

在经验和图表的基础上，重要的是要顺应市场趋势。有时候卖盘多，有时候买盘多。

如果你只凭自己的想法去判断"我想这样做""如果这样就太好了"，或者简单地依赖过去的成功经验觉得"之前就是这样成功的"，那么大多数情况下都会失败。

正如我多次提到的，不要试图摸顶和抄底。遗憾的是，没有任何指标能让你自信地说"这样绝对要买"或"这样绝对要卖"。

如果真有这样的指标，那么肯定已经有人找到了，市场上也不会有输家。但由于还没有找到，每天还是有人在亏钱，这就说明了不存在必胜的方法。

在可能遭受亏损的同时，为了在总体上持续获胜，我们只能不断积累日常的经验和思考。

除了经验和思考，正如前文提到的，"决算"和"新闻"也很重要。当预测"决算利好"时，我们会在那之前买入；相反，如果认为决算结果会很差，我们会在那之前卖出。

了解"除权除息日"也很重要。许多派发股息的公司在决算时会确定股息的权益，在那时股价通常会下跌。

那些以股息为目标的投资者"一旦到了支付股息的日子（除权日），就会马上卖掉股票"。

在这一天，股价下跌的幅度也可能超过股息。因此，在除权除息日之前，必须预测"对于这只股票来说，多少股息是合理的"和"在这只股票支付股息之后，股价会下跌多少"。我一直在思考这两个问题。

　　我会在自己的心中设定一条线，如果股价看起来会跌破这条线，即使在除权除息日之前，我也会选择卖出。如果只被眼前的利益所吸引，反而会造成损失。

　　对于一只股票，需要确认图表、决算、股息和新闻等很多信息。因此，持有的股票越多，花费的精力就越多。尽管如此，正如我在前面介绍的那样，我持有非常多的股票。

　　正如投资界著名的格言："不要把所有的鸡蛋放在一个篮子里。"我认为分散投资是最基本的。即使投资金额不是很多，分散投资也是更好的选择。

　　在股票的世界里，没有人知道接下来会发生什么。就连回转寿司连锁店"寿司郎"这样的大公司，也可能因为一名高中生在店内恶作剧⊖，导致股价暴跌。没有人能够预想到这样的情况。

　　特别是对于那些投资金额较少的人，也有人想要集中资金投资一只股票以获利，但我认为，与其这样，不如节省生

　　⊖ 日本一高中生在知名回转寿司店"寿司郎"拍摄的恶搞视频引起众怒：他偷舔公用酱油瓶，将舔完的水杯放回取用处，并把唾液抹在转台的寿司上。

活所需的费用，积累一定资金后再进行分散投资，说不定会带来更好的结果。

　　不仅要分散投资股票，还必须在一定程度上选择不同的投资行业。持有自己喜欢的行业和强大行业的股票很重要，如果这个行业本身就萎靡不振，那就无话可说了。这时，即使企业再怎么努力，也无法改变局势。

感觉会上涨，但不买入

即使出现了利好信息，对照图表之后，我有时也会选择"不买"。在前面公开的我某一天的交易中，我于上午 8 点 16 分下了日本电产股票的买入订单。那时，我以"8 050 日元"的指定价格下单，这是一个很好的例子。

日本电产是一家总部位于京都的电机制造商。虽然它在 2023 年改变了公司名称，但对于我来说，还是旧公司名称"日本电产"更熟悉。

前一日，日本电产在第一财季的决算中宣布，面向电动汽车（EV）的电机等业务扭亏为盈，销售额和最终利润均创下历史新高。这无疑是一个相当好的信息。

该公司的会长永守重信无疑是一位具有领袖魅力的经营者。但这样的公司往往擅长让自己最终获利，因此作为个人投资者需要注意这一点。

　　发布决算的第二天早晨，我一起床就看到了"日本电产创下历史最高利润"的报道，于是决定去看看日本电产的股票。

　　首先是决算报告。销售额比去年同期增长了4.8%，营业利润增长了34.7%，税前利润增长了51.0%。虽然销售额增长幅度不大，但营业利润和税前利润的增长率相当可观。

　　这些数据是第一财季的决算，为了换算成年销售额，我将把下面出现的数字乘以4。第一财季的销售额为5 660.55亿日元，乘以4后，预计年销售额约为2.2642万亿日元。全年预期为2.2万亿日元，所以与预期相差不大。

　　不过，这与去年同期相比下降了1.9%，每股收益为287日元。

　　接下来，我们查看四季报，确认过去的历史销售额和每股收益。尽管2023年3月的决算显示营业利润和税前利润有所下降，但可以看出业务仍在顺利增长。

　　作为投资对象来说还算不错，所以我考虑购买并决定看看图表。

　　首先，我调出蜡烛图日图，查看量价分布图和RSI、MACD。

让我们来复习一下，RSI 是一个判断是否超买或超卖的指标，数值以 0～100% 表示。一般来说，超过 70% 被认为是超买，低于 30% 被认为是超卖。MACD 是利用短期移动平均线和中长期移动平均线来判断是否买入或卖出的方法。

前一交易日的收盘价为 7 784 日元。RSI 为 56%。如果在这里买入，虽然不是最好的，但也不差。

但是，如果看 ADR，价格已经上升到 8 300 日元。如果是 8 300 日元，RSI 显然过高。最近的买入点是 7 月 12 日 RSI 为 40% 左右的时候。

接下来看一目均衡表和新三价线图。但是，这两个指标也没有显示出"买入"的信号。

再换成蜡烛图周图重新查看 RSI 等。从日图转换到周图，图表的形状会有所变化。这时也是相对较高的价格区间。

最后，查看股票信息。市盈率是 27 倍。如前所述，市盈率的平均值在 15 倍左右，超过这个数值被认为是高估，低于这个数值被认为是低估。

因此，它的市盈率过高。此外，股息收益率低至 0.83%。

　　参考 ADR 的价格，我认为今天股价很有可能上升到 8 300 日元左右。但是，从目前的图表来看，8 300 日元是一个"过高"的数字。

　　考虑到前一天的价格是 7 784 日元，并且到前一天为止的卖单在开盘时应该被消化完毕。所以我决定："如果价格在 8 050 日元以内，我就会买，但如果超过这个价格，我就不买了。"虽然我认为决算结果不错，价格也有可能进一步上涨，但我从不进行超出我个人交易标准的投资。

　　结果，买盘不断出现，开盘价定在了 8 200 日元。然后价格就没有再下跌，收盘时达到了 8 592 日元。

　　即使在开盘价 8 200 日元时买入也是赚的，但我完全不会感到"遗憾"或"如果买了就好了"。

　　这次只是碰巧涨了，但如果没有依据就盲目认为会盈利而冲动买入，就会栽跟头。

　　补充一下，一个月后，股价果然跌到了 7 300 日元。坚持自己的标准，才能在长期的交易中取得成功。

　　另外，就在这次决算公布的大约一周前，我在日本电产的相关投资中赚了很多。这是因为日本电产宣布通过公开收购（TOB）收购了机床制造商 TAKISAWA。

日本电产将机床业务作为新的增长支柱，并试图通过收购 TAKISAWA 的旋盘技术来促进发展。

公开收购价格为每股 2 600 日元。公开收购是指公开向股东声明购买价格和期限等，鼓励他们出售持有的股票。也就是说，"以每股 2 600 日元的价格购买"是已经确定的。

在 TOB 公告之前，该公司的股价大约是 1 400 日元。但受此公告影响，股价上涨到了大约 2 500 日元。

我以大约 1 200 日元的价格购买了该公司的股票，并持有 4.9 万股。按（2 600 日元 – 1 200 日元）× 4.9 万股计算，即使不卖出，也能赚取 6 860 万日元。

这是意料之外的惊喜，但这也是因为我很看好 TAKISAWA 的实力，所以才持有这么多股票。如果仅以"股价便宜"为理由选择股票，也很难遇到这样的好运吧。

著名投资家的言论背后隐藏着什么

在投资者间，常有人说"止损"很重要，但于我个人而言，我不太考虑止损。

当然，如果有明确信息表示"明天的股价应该会比今天低"，我就会卖出。但是，我个人没有"跌到多少就止损"这样的规则。同样，也不会有"涨到多少就卖"的规则。

即使股价上涨了30%，如果我认为还会继续上涨，我就会持有；而有时即使只上涨了3日元，我也会选择卖出。

基本上，我买的是那些我认为"未来有希望"的公司的股票，所以持有这些股票的时间会比较长。因此，我也持有一些浮亏的股票，从评估损益来看，亏损超过2亿日元。

有时我会持有某只股票高达数万股，所以有好几只账面亏损达到数千万日元的股票。

我能够不考虑止损，是因为即使考虑到浮亏，也有足够的资金可以继续投资。如果资金并不充裕，因为无法止损而错失投资机会，那将是非常可惜的。

此外，如果一年内收益过高，第二年的税金就会变得非常高。因此，有些人在"今年收益不错"的时候，会选择亏损一些以减少赋税。

像这样，即使是止损，也会根据个人情况和投资风格而有所不同。

同样，对被大家认为"重要"的事情保持疑问也很重要。再次强调一下，和别人做一样的事情是不可能成功的。

日本投资者非常喜欢沃伦·巴菲特。我承认他很厉害。如果巴菲特是投资之神，那我就像蚂蚁一样微不足道。

自 1965 年巴菲特掌控投资公司（当时是纺织业）伯克希尔·哈撒韦的经营权以来的 50 年间，该公司的股价竟然上涨了 2 万倍之多。

他的投资业绩连续 50 年保持了 21% 的回报率。

对于 2023 年日本经济平均指数的上涨，巴菲特也发挥了一定作用。2023 年的日经平均股价上涨至 3.3 万日元，恢复了自 1990 年以来时隔 33 年的水准。

尽管日经新闻每年 1 月都会刊登 20 名主要经营者对日经平均股价的年度预测，但范围通常在 2.2 万日元到 3.3 万日元之间。

然而，股价超出了所有经营者的预期。这主要是因为巴菲特表示了对日本股票有进一步投资的意愿，导致海外投资者对日本股票的购买行为变得更加活跃。

巴菲特公开表示，他已经购买了他之前就持有的三菱商事和三井物产等五大商社的股票，并 "最多可能增持至 9.9%"。

受此影响，商社股的股价上涨，其他大型股的股价也随之上涨。

被我搁置的大型股票 BITMAIN 账户，截至 2023 年 7 月，年初以来大约增长了 150%。

但我并不是完全按照巴菲特所说的话来交易。这是为什么呢？因为他经营的是基金。他为什么要谈论股票呢？归根结底，是因为 "这符合他的利益"。

他的言论能够推高股价。如果股价上涨后卖出，自然可以获得利益。这就是巴菲特的目的。

并不是只有巴菲特会这样做。所有基金公司都在做同样的事情。软银的孙正义也是如此。

实际上，在 8 月，伯克希尔·哈撒韦的决算报告显示它进行了价值 1.1 万亿日元的减持。具体的股票信息不详。

大家都在考虑"如何低价买入，高价卖出"。所以，虽然日本人对巴菲特的言论感激不尽，但我们应该考虑"这背后是否有什么原因"。

摊平并不可怕

进行投资时，自己购买的股票价格下跌是家常便饭。当持有的股票价格下跌时，进一步购买股票的行为被称为摊平。

正如有句格言所说，"拙劣的摊平手段会导致一贫如洗"，在投资者间，这被认为是一种危险的行为，但我自己正在积极地进行摊平购买。

但是，我并不是"股价下跌后进行摊平购买，然后等待其恢复原价"。例如，我将投资目标放在了刚进行 IPO（新股票公开发行＝未上市公司上市）的"IPO 二级市场投资"中，我在上市首日以 4 500 日元购买了 Ridge，但截至 2023 年 8 月，价格已下跌至约 2 000 日元。

我在低价中找到"更低价"进行购买，并在小幅反弹时卖出。

例如，假设我以 4 500 日元的价格购买了 1 000 股，然后价格下跌至 2 500 日元。

仅此就会造成 200 万日元的亏损。即使只希望股价恢复原价，也不知道何时会恢复，甚至可能根本无法恢复。

但是，如果我以 2 000 日元的价格购买了 5 000 股，然后在 2 100 日元的价格卖出，就可以创造出 50 万日元的利润。如此重复 20 次，就是 1 000 万日元的收益。我每天成交的订单量大概就是 20 次，所以 20 次并不多。

如果你盯着高价不放，你将不得不承受巨大的浮亏，但通过摊平购买，你可以稍微减少一些浮亏。

当然，如果你只是抱着"想挽回损失"的心态，而不能冷静地进行交易，最终可能会扩大损失。

首先，要冷静下来。然后，查看图表并找到买入的依据是非常重要的。仅仅因为大幅下跌，就毫无根据地投入资金，认为"这里就是最低价，之后肯定会上涨"是很危险的。

无法保持冷静的人不建议进行摊平购买。

"下跌时等待恢复原价"的做法相当依靠运气。说到依靠运气的方法，还有"以十倍股为目标"。

在投资者中，也有人寄希望于小型十倍股，但我并不以此为目标。

我甚至没有想过股价能涨到购买价格的两倍或三倍，因为这很大程度上取决于与自己能力无关的因素。我正是因为依靠自己的能力，才积累了这么多的金融资产。

『半价八折再减两成』

——要有"价格可能跌至最高价三分之一左右"的心理准备

茂先生珍藏的市场格言⑥

这是在下跌市场判断最低价时被视为准则的格言。例如，如果一只股票的价格达到 1 万日元，那么 1 万日元 × 半价（0.5）× 八折（0.8）× 八折（0.8）= 3 200 日元，即使下跌到这个价格也完全不奇怪。如果你要进入股票市场，不仅要描绘美好的理想，还要接受可能下跌到这种程度的现实，并做好心理准备。

与机构投资者的较量不会输

虽然中小型股票并没有太多机构投资者参与，但并不是完全没有。

如果你想确认自己的持仓股票中机构投资者的参与程度，可以通过四季报、有价证券报告书、大量持股报告书等进行查询。

正如我在第三部分中提到的，我并不认为自己在经验和技术方面会输给基金人士。由于我持有的多为中小型股票，所以当看到买卖盘上的成交量相较于平时异常活跃时，我马上就能意识到"有机构投资者参与买卖"。在这种情况下，我会打起精神给自己鼓气："加油！我不会输！"

因此，了解机构投资者的策略，并发挥个人投资者的优势是非常重要的。在这里，我想试着总结一下机构投资者的特点。

机构投资者的特点

①需要迅速取得成果

　　机构投资者会在短期内发布运营报告。每季度发布一次是比较普遍的。假设你是客户，你会把钱投入到一个连续一年表现不佳的基金吗？肯定不会这么做，对吧。

　　因为有很多基金可以选择，如果不能取得成果，看重收益的客户可能会很快将资金转移到其他基金。因此，机构投资者必须要在短期内创造利润。

　　所以现实是，他们不能抱着"虽然现在亏损，但只要持有几年，股价可能会上涨"的心理进行操作。

②内部制订规则

　　既然要管理客户的宝贵资产，就需要制订详细的运营策略。

　　客户也不想将资产投入到"什么都可能发生"的基金中。因此，即使预计会有增长，我们也会避免投资那些不符合策略的股票。市值太小或风险过高的股票基本上是不会被选择的。

③不进行小型股的频繁交易

机构投资者基本上投资于大型股票。不会频繁买卖流动性差的小型股。因为投入了大量资金，若大量下单也无法一次性成交。若尝试分批购买，自身的大额买卖也会导致股价波动。也就是说，短期买卖带来的利润不足以吸引他们。

④不公开真实目的

有的证券公司为什么会推荐股票，那只是因为"希望你购买该股票"，除此之外没有其他理由。那么，为什么希望你购买该股票呢？原因很简单。因为与它们自己的利益相关。

如果你认为证券公司和保险公司会公开它们所有的底牌，那就大错特错了。基本上，它们只做对自己有利的事情。

时常会有人联系我，向我推荐："藤本先生，这只股票怎么样？"但那些股票大多都不好。如果真的能带来利益，他们自己买入赚钱就好了，何必声张呢。他们向我推荐，反而会引起我的怀疑。

正因为是个人投资者，才能战胜机构投资者

个人投资者拥有机构投资者所不具备的优势。虽然有人声称"个人投资者不可能战胜机构投资者"，但实际上我已经做到了，只要选择合适的股票和买卖时机，就不会输。

让我们具体谈谈个人投资者的优势。

个人投资者的优势：

① 可以休息

正如有句话说"休息也是交易的一部分"，如果没有特别看好的股票，个人投资者可以暂时不进行交易。如果觉得"云图的走向似乎不太对劲"，可以选择先卖掉现在持有的股票，静观其变。

然而，管理客户资金的机构投资者不能轻易地一次性卖出股票。即使在很困难的情况下，也不能"休息"。

②交易自如

由于机构投资者操作的资金量大，所以不能轻易地买卖中小型股票。例如，假使想"买价值 10 亿日元的股票"，但如果下了这么大的订单，买盘严重大于卖盘就足以触发涨停板，导致交易无法成交。

因此，他们需要分几天慢慢买入。个人投资者没有那么多资金，所以可以在想买的时候买，想卖的时候卖。

③自由

机构投资者必须按照机构的投资策略选择股票，个人投资者则不同，可以自由选择买什么股票。即使是作风有点问题的企业，或者风险较高的企业，只要个人投资者觉得"想要！"就可以自由购买。当然，我个人更倾向于选择"增收、增益、增配"的企业。

我认为，对于个人投资者来说，这是一个前所未有的好时代。可以在网上轻松买入自己想要的股票，手续费也很低。无论是图表还是决算，都可以在网上立即查到。

归根结底，无法战胜机构投资者的人，只是列举了无法战胜它们的理由，并以此为借口安慰自己罢了。

请注意"庄股"

在前文中，我解释了虚拟订单是什么。除此之外，个人投资者还需要注意其他股票的动向。

实际上，中小型股票更容易落入"庄股"的陷阱。所谓的庄股，是指由被称为"庄家"的投资者或投资团体人为操纵股价的股票。首先，我们要了解庄股的操盘策略。

步骤①收集筹码

庄家会收集特定的股票。为了避免引起其他投资者的注意，他们通常会慢慢收集筹码，而不是一下子进行大量购买。

步骤②拉抬股价

在收集了特定股票的大量股份后，庄家会突然下大量的买单。这时与收集筹码不同，需要引起其他投资者的注意。

这是为了让其他投资者跟风，突然涌出的大量买单会吸引更多的买入。

步骤③洗盘

当股价上涨后，庄家会一次性卖出持有的大量股份。原本交易量就不多的股票，一旦被大量抛售，股价会急剧下跌。因此，那些以高价买入股票的投资者将面临浮亏。

如果庄股被认定有"操纵市场的行为"，则构成犯罪。过去也有著名的操盘手被逮捕的案例。

在 20 世纪 80 年代，有一个叫作"诚备集团"的庄家团体，由投机者加藤明领导，加藤明被称为"兜町风云儿"。现在可能有很多年轻人不知道他的名字。

他操盘过一场名为"宫地铁工所"的事件。1980 年 8 月，原本在 200 日元左右的宫地铁工所股价突然上涨，达到了2 950 日元的高价，当时发行的股份中有 70% 被加藤明等人的团体买断。

他因违反所得税法在 1981 年被捕，但在保释后重返股市。2015 年，他因非法拉抬新日本理化的股价，涉嫌违反金融商品交易法再次被捕。

　　虽然像他这样被逮捕的案例很少，但"疑似是庄股"的情况却很常见。

　　庄股有它自己的特点，即"股价便宜""交易量少""已发行股份数少"。总之，就是小型股的特点。

　　如果股票平时交易活跃或被投资者看好，那么操纵它的价格就会变得困难，因此庄家会选择那些不起眼的股票。

　　像我这样长期炒股的人，应该能够察觉到"这是庄股"。因为它在没有任何相关信息支持的情况下，股价却不断上涨。

　　不过，刚开始炒股的新手看到股价不断上涨，会误以为"只有自己找到了好股票"，于是马上就买入了。

　　因为被操盘的股票价格波动剧烈，所以很容易让人觉得能轻松赚到钱。但是，如果股价在没有任何上涨理由的情况下突然大幅上涨，就需要格外注意。

　　特别是在日成交量较少的小型股中，即使意图没有特别明显，也会有投资者盘算着"如果自己大量买入股票，股价应该会上涨，到时候再卖出就能赚钱"。

　　由于这些投资者的不断买入，其他投资者可能会认为"这是一个价格波动剧烈、成交额不断增加的股票"，于是也会跟风买入。然后，正如庄家所策划的那样，其他投资者买入后，庄家再卖出自己买入的股票，这样的现象并不少见。

　　价格便宜的股票总有便宜的原因。这个世界上不存在"只有自己知道的便宜股票"。要避免买入被操盘的股票，重要的果然还是应该买卖有一定人气、有一定成交量的股票。

也要关注 IPO 二级市场投资

我也有购买 IPO 股票。

新公开的股票会在上市前以"新股发行价格"出售，上市后会确定"上市开盘价"。不管是房子或者任何其他东西，日本人都喜欢新的事物，所以上市开盘价比新股发行价格高的情况很常见。

不过 IPO 股票本身是通过抽签分配的，所以基本上是"很难中签"的。而且，在 IPO 时投资者能买到的股票数量有限。基本上是最低单位的"100 股"左右，所以即使买到了，能赚多少也是未知数。

因此，我正在进行的是购买上市后的股票的"IPO 二级市场投资"。与抽签决定的 IPO 不同，如果进行 IPO 二级市场投资，因为股票已经上市，所以每个人的机会都是相同的。

而且，股价波动非常剧烈，短期内股价会大幅波动。这正是展示作为日内交易者能力的绝佳机会。

IPO 二级市场投资的很多股票都是尚未稳定的小型股，可以说是高风险、高回报。

以 2023 年为例，6 月 13 日上市的人工智能业务解决方案提供商 ABEJA，新股发行价格是 1 550 日元，但实际的上市开盘价高达 4 980 日元。之后，在 6 月 22 日，股价一度上涨到了 10 300 日元。

然后股价开始持续下跌，假设在上市开盘价时买入，在最高价时卖出，即使一开始只花约 150 万日元买 1 000 股，最终就能获得 532 万日元的利润。

但是，同样是与 AI 相关的公司，之前我提到过的 2023 年 4 月 26 日上市的 Ridgei，上市开盘价为 4 445 日元，当天最高涨到了 4 620 日元，但之后持续下跌，截至 2023 年 10 月 6 日，已经跌到了半价以下的 1 812 日元。

说实话，仅凭公司的简单信息，很难预料 ABEJA 和 Ridgei 的股价会有这么大的差距。

实际上，我在 IPO 二级市场投资中的成功率并不高。

因为还不清楚那只股票的走势，图表的走势也常常不规则，与已经熟悉的股票相比，成功率往往会下降。

实际上，我在 Ridgei 上市开盘价 4 500 日元左右买了 1 万股，到 10 月 6 日时已经跌到了 1 812 日元左右，背负着巨大的浮亏。

大家都猜测"上市开盘价预计为 5 000 日元"，所以我就买了，但预测终究只是预测，不一定准确。

即便如此，在股价下跌时，我还是会再次买入。有些投资者在亏损后就会远离这只股票，但我的想法是"在同样的股票上至少要赚回来"，所以我的交易次数不断增加，当然也要具体看是哪只股票。

正如我之前所说，"IPO 二级市场投资是高风险、高回报的"，但我还是坚持自己的投资风格。我并不认为"IPO 二级市场投资一定能赚大钱"。

因此，和普通交易一样，我会仔细观察图表，细心地进行买卖。太贪心的结果就是导致利益受损。即使是 IPO 二级市场投资，我基本上也只购买自己能理解其商业模式的、未来发展有望的股票。

因此，我购买的股票数量，即使是 IPO 股票，大约也只是 10 家选中 1 家的程度。

特别值得期待的是，上市首日订单不断、上市开盘价还没有公开的时候。为了防止上市当天未能形成开盘价，以及在接下来的第二天也无法以涨停价确定开盘价的情况发生，因此引进了在当天收取买入金额的"买入金当日交割制度"。

正如其名，这是一种在订单当天就收取现金的制度。通常，在股票交易中，日本是从约定日开始算起的第 3 个工作日进行结算的。因此，通常即使还没有交割的资金，只要订单成交，就可以用那些资金再进行购买。但如果按照买入金当日交割制度，就只能利用已经完成交割的资金。

此外，在这一限制解除之前，无法进行有规定还款期限和租借费用的"制度信用交易"。简而言之，就是无法利用信用交易购买，必须用"现在手头的现金购买"。

这将变成纯粹的现金比拼，平时进行信用交易的投资者将无法购买。因此，一旦这一限制解除，信用购买增加，股价就容易上涨。

进行 IPO 二级市场投资时，还需要注意"锁定期"（一定期限内禁止出售）的问题。

股票锁定期是指在公开后一定期间（例如 180 天等），限制创始人或大股东等风险投资人出售持股的制度。

如果公开后不久大股东大量出售股票，股价就会下跌，这是为了防止这种情况的措施。

是否有锁定期，可以在申请新上市时提交的有价证券申报书中查看。

锁定期通常是"半年"或者"一年"。特别是风险投资人等同样是大股东的情况下，在锁定期解除后获利的情况也很常见。

因为大股东会出售一定数量的股票，所以股价变得容易下跌。

我基本上不会相信证券公司和风险投资人等大股东。他们会在股价高的时候，用各种手段出售股票。解除锁定期除了要到达一定期限，还有"股价上涨到新股公开价格的 1.5 倍""获得主承销商证券公司同意"等各种条件。

因此，在进行 IPO 市场的交易时，了解锁定期设定的条件非常重要。

IPO 的增加对于活跃经济来说是好事。对于个人投资者来说，机会也会增加。但从投资者的角度来看，上市公司增加并不一定都是好事。

随着 IPO 股票的增加，资金会分散到更多不同的股票当中。这样一来，最终股价可能就不会变动。这不仅要考虑企业的发展，还要考虑企业何时上市等时机，甚至其他 IPO 的情况等因素。

亏损了不要烦恼

我经常被问到的一个问题是："失败后，你是如何重新振作起来的呢？"确实，我经历了"黑色星期一""泡沫经济崩溃"和"雷曼冲击"，每次事件都导致我的资产大幅减少。

泡沫经济崩溃后我的资产从 10 亿日元减少到了 2 亿日元，那时候对股票的兴趣也有所下降。

但是，我并没有因此而感到特别沮丧。可能是因为，就算沮丧也无济于事。或许最初的时候我确实感到沮丧，但现在已然忘记了。

已经经历了这么多次，就算是承受巨大的损失，我也逐渐习惯。

即使是现在，亏损也并不罕见。我也多次面临持有的股票退市的情况。

举个最近的例子，就是日医工。作为仿制药制造商的龙头企业，日医工曾经被寄予厚望。但是，在 2020 年，由于多次召回产品，加上富山县下达了业务停止的命令，经营状况急剧恶化。到了 2022 年，公司进入了业务重建程序。

股价在 2015 年曾经达到 4 265 日元，但之后持续下跌。尽管如此，因为仿制药有其优势，我仍对该公司的未来发展充满期待，并在股价 120 日元左右时购入了日医工的股票。然而，到了 2023 年就被"强制要约收购"（Squeeze Out）了。

所谓的" Squeeze Out"，是指为了让某个股东成为大股东，向像我这样的个人投资者支付金钱，迫使个人投资者退出的行为。

最终，股票以每股 36 日元的价格被收购了。我持有数万股，所以损失巨大。

在股票市场生存下来，我们必须思考"为什么会赢""为什么会输"。因此，我还会在笔记本上逐条记录下来。

但是，无论是泡沫经济崩溃还是雷曼冲击事件，事前察觉到异样还是很困难的。

在遭受损失时闷闷不乐，只会错失投资机会。为损失而烦恼没有任何好处。我认为这样的人不会用自己的头脑思考，而是过度执着于在投资中失去的东西。

"如果当时买了就好了""如果当时卖了就好了"——投资世界充满了这样的执念。正是在失败的时候，我们才需要使自己振奋起来。我认为这才是正确的逻辑。

日本股市还有很大的成长空间

到 2022 年为止，我一直坚信："到 2023 年日本经济平均指数将会突破 3 万日元的大关。"我原本以为会在 3 月突破，但稍微晚了一些。如果你也投资股票接近 70 年，基本上可以读懂经济的走势。

至少在一段时间内，我认为这种势头将会持续。回顾过去，泡沫时期因为资金过剩，所有股票价格都被买高了。我认为这是一种异常状态。

但是，从 2023 年来看，我认为现在日本股票并没有被过度买入。只是买入了与企业实力相称的价格。即使日本经济平均指数回到了久违的 30 年前的水平，也只是回到了原点。

看看其他国家，它们正在高速发展。我认为日本和日本人还需要更加努力。日本还是很有潜力的。

2023 年上涨的股票大多是外国人喜欢的大型股，在成长股方面并没有得到太多好处。

"日本经济平均指数"如第二部分介绍的那样，只包括了主要主板市场的 225 家有名企业，因此并不能说它完全代表了日本企业的整体状况。

我每天都用自己的资产额除以道琼斯指数，来计算自己的投资表现。情况好的时候，我能达到 60 左右的分数，现在是 45 分～55 分。也就是说，相对于道琼斯指数，我的投资表现是越发不理想的。我正努力不让自己落后。

让我们回到刚刚的话题，作为一个长期观察日本经济的个人投资者，我认为日本股票还有很大的成长空间。政府现在正鼓励大家把个人资产运用到投资当中去。

从 2000 年之后的 20 年来看，美国的个人金融资产总额增长到 3 倍，但日本仅是 1.4 倍。

导致这种差异的一个原因是理财产品比例的不同。在美国，一半以上的人购买股票和债券，而在日本，这个比例还不到 15%。在日本，半数以上的人将资产作为存款，而在美国，存款比例一直保持在百分之十几。

在日本，存款的利率接近于零，所以在这种情况下，资产不可能增加。因此，政府正拼命想要调动高达 1 800 万亿日元的金融资产。

2023 年外国投资者购买日元、东京证券交易所发布的 PBR 在 1 倍以下的公司改革方案、2024 年开始实行的新小额投资免税制度（NISA）无疑都是好信息。

我认为，外国投资者买入日元对 2023 年日本经济平均指数的上涨发挥了重要作用，但我认为这种趋势还会持续一段时间。

然后是，PBR 在 1 倍以下的公司改革方案。PBR 是一个指标，表示"每股股价是每股净资产的几倍"。即使在上市公司中，也有很多 PBR 在 1 倍以下的公司。

PBR 低意味着企业的收益率没有达到投资者的预期水平。

因此，东京证券交易所要求对 PBR 持续低于 1 倍的企业进行整改，并提出了改革方案，2023 年 3 月，对在主要主板市场和标准市场上市的约 3 300 家公司提出了改进要求。

提高 PBR 的措施包括回购自家股票、增加分红，或者重新审视业务本身等。通过这些措施，企业有望提高自身的收益率。

从资金用于投资的角度来看，我也欢迎新 NISA 的实施。在之前的 NISA 中，普通投资最多可以投资 600 万日元，积累投资最多可以投资 800 万日元，而且只能选择其中一种方式。

新 NISA 中，"成长投资限额"最多是 1 200 万日元，"积累投资限额"累计最多是 1 800 万日元，或者可以选择合并使用，最多可以投资 1 800 万日元。

如果是普通的投资，从投资中获得的收益会被征收 20.315% 的税。但是通过 NISA，这种税是可以免除的，所以好处很大。

很多人被免税吸引，将资金投入到股票市场，市场变得更加活跃。

即使是购买投资信托而不是个别股票，资金流入市场这一点是不变的。即使是从投资信托开始，对投资感兴趣的个人投资者也会增加，我认为他们会开始购买日本股票。

市场上流通的资金增加意味着交易变得更加活跃，投资赚钱的机会也会增加。我认为这是一个很好的开始投资股票的时机。

当然，无论有什么好信息，都不能过于乐观。对于投资者来说，始终对经济趋势保持警惕是必不可少的。在保持警惕的同时，观察到股价合理上涨是最理想的。

截至 2023 年 10 月 7 日，汇率在 1 美元兑 149 日元上下波动，但从中期来看，我认为日元汇率大约会在 122 日元，从长期来看，大约会在 112 日元。

因为是"日间交易"，在一次交易中受到市场影响的可能性很小，但把握经济动向仍然是必要的。

无论学习多少股票知识，也不可能预见一切。能够做到这一点的，只有神仙。因此，即使已经考虑了一定程度的变故，也必须应对每天都在变化的情况。

即使我在这时预测"应该会这样"，也还有很多我不知道的信息，如果突然发生灾害或战争，预测的前提就会改变，思考的方式也会改变。

不要盲目相信别人说的话。通过这本书我想传达的是，用自己的头脑思考是很重要的。即使是证券分析师说的话，完全相信这些话的人，也不适合投资。

能够不断质疑"这是真的吗？"的人，才能不断增加自己的资产。

茂先生珍藏的市场格言⑦

『人的行迹之外自有道路、花山』

——即使很艰难，请走与别人不同的道路

　　这句格言的意思是，想要赚钱，必须采取与普通人相反的行动。如果只是因为大多数人说"好"就买，说"不好"就卖，进行这样的投资只会不断亏损。要想比别人赚得更多，重要的是思考"现在大家是怎么想的，我该怎么做"。

专栏④

许多投资者将退出市场

我很少与其他投资者见面，虽然过去有时会在证券公司等地与投资者见面。

然而，见面的次数以相当高的频率在变化。我经常会觉得，"说起来，最近都没怎么见到某某了"。

根据 2022 年金融厅发布的报告，在购买投资信托等产品的客户中，截至 2020 年 3 月，盈亏为正的比例是 30% 左右。也就是说，大约 70% 的人处于亏损状态。

据说作为日间交易员在市场中生存下来的比例是"10% 左右"。仅从这个数据来看，真是一个令人绝望的数字。

对于我来说，股票是有趣的，这一点毫无疑问。但炒股绝不是轻松的事情。我进行了 68 年的股票投资，每天记录并反省，尽管如此，我也有判断错误的时候。虽然总体看来我是成功的，但事情并不总是如我所想。

这可以用"拉尔夫·温斯的实验"来解释。程序员拉尔夫·温斯让拥有博士学位的人玩了一个游戏。游戏规则如下：

①抽奖箱里有 6 张中奖券和 4 张未中奖券。

②如果中奖，赌注翻倍；如果未中奖，赌注被没收。

③起始资金 1 000 美元，每次下注金额自由。

④重复游戏 100 次。

因为有 6 张中奖券，可以说这是一个对玩家有利的赌注。如果每次下注 100 美元，那么赢 60 次就可以赚取 6 000 美元，亏损 4 000 美元，理论上，最后你手头上的资金应该是 3 000 美元。

但结果如何呢？在参与者的 40 人中，只有 2 人的资产是增加的。即使是拥有博士学位的"聪明"人，也有 95% 的人失败了。

失败的 95% 的人采取了"输后增加赌注，赢后减少赌注"的策略。当人们连续输的时候，他们就会想"下次一定能赢"，当连续赢的时候，他们会认为"下次输的概率更高"。

如果输得太多，人们就会设法挽回。

但本来每一次的胜负都是独立的，必须分开考虑。做不到的人必然是输家，但这样的人是大多数。

人类是脆弱的。要克服这一点，需要大量的锻炼。

虽然我说得有点过了，但如果不直面事实是不可能获得收益的。如果你带着觉悟进入股票世界，不懈怠学习，虽然不能说"绝对"，但你成功的概率会大大提高。

例如，如果你因工作表现好而得到晋升，有人说"你真幸运"，你会怎么想？肯定是不愉快的。

即使不是完全没有运气因素，你也会觉得"我已经为此十分努力了"，不是吗？人们常说在股票上赚钱的人"运气好"，亏钱的人"运气不好"，但这不是运气的问题。

在股票的世界，比运气更重要的是学习。

PART

5

第五部分

日间交易是一种终极的"脑力锻炼"

在股市中取胜的"心态、技巧、体质"

在本书的最后，让我们来谈谈对投资的心态以及我的生活。

我认为股票投资需要兼备"心态、技巧、体质"三者。

"心态"是指在股价波动时不喜不忧，能够冷静地做出最佳行动的心态。"技巧"是指在正确的时机买卖股票的技术。"体质"有两层含义，包含健康的身体状况和持续的资金链。

如果缺少任何一项要素，都不太可能获得令人满意的结果。

关于心态和技巧，只能通过积累经验来提高。可能有很多人比我更聪明，但很少有人比我更有经验。对于股票，我多少有些自信。

虽然我被公认为是一个刻薄的人，甚至我自己也这么觉得，但我不会因此而打乱自己的节奏。抱有"绝对能赢"或

"绝对会这样"的想法是很危险的。无论何时,我们都需要保持"不放松警惕"的态度。

如果你想开始投资股票,最初可以尝试购买自己喜欢的股票,或者模仿别人的做法。无论你多么聪明,思考和行动是完全不同的两回事。

如果不是用自己的钱投资,你就不会真正认真对待。

关于体质,我们只能尽量保持不衰退,自己多加注意。诚然,随着年龄的增长,力不从心的事情会不断增加。这是无法避免的。

身体疾病也不可避免。就我个人而言,比较严重的是2016年我患上了脑栓塞。那天我在外打麻将回来后睡觉,醒来时发现自己在医院。我妻子看到我睡着时鼾声大作,觉得不对劲,立刻叫了救护车。

多亏了我妻子的判断,我才得以保住一命。据说脑栓塞发生后,肌肉会松弛,导致舌根下沉,容易打鼾。结果我不得不住院。

出院后我松了一口气,没想到第二年就遭遇了心肌梗死。

为了保持血液循环，目前我的心脏冠状动脉内还植入了一个3厘米左右的支架（用来从内部扩张变窄的血管的网状的管）。尽管如此频繁地生病，但大脑的功能没什么问题，我真的很庆幸。

如果脑子不灵光、手不能动的话，就无法进行股票交易了。

视力逐渐变得模糊，这让我感到困扰。图表、报纸对于我来说字体都太小了。更多时候，我不得不一手拿着放大镜一边进行买卖。

但是，在2022年，我果断地进行了白内障手术，手术后就看得很清楚了。我本来觉得"做完手术当天回家就好"，但医生说"慢慢来，请你好好休息一天"，于是又在医院住了一天。但这真是一次非常值得的手术。

之后，我就不再需要拿着放大镜进行买卖了。

我的血压很高，最高达到240毫米汞柱，最低也有120毫米汞柱。如果最高血压超过140毫米汞柱，就会被归类为"高血压"。对于高血压，我也只是保持警觉，将记录这些数值的纸张放在桌上。除此之外，我并没有特别为了血压做些什么。

我没有特别注意饮食，也没有服用降压药。毕竟，随着年龄的增长，血压上升是自然现象。我认为，如果强行用降压药降低血压，脑子会变得不清醒，这对于需要判断力的日间交易员来说并不好。

唉，即使我把这些告诉妻子，她也只会拉着脸说"你说什么也没用"。

我平时做日间交易本来就很忙，去医院很浪费时间。偶尔去医院，看到老年人静静地等待叫号，我不禁想"如果把这些时间用在别的事情上就好了"。

与其通过吃药来维持健康，不如找到一件可以让自己投入的事情，为了追求这件事物而花费时间，这样才算是"一直到人生的最后，我都完整地活出了自己"。我打心底里这么认为。

即使年岁增长，判断力也不会衰退

随着年龄的增长，我感到记忆力正在逐渐衰退。即使在做日间交易时，我也会很快忘记"打算以多少的指定价格下订单""想要进行交易的股票代码"等信息，常常不得不再次确认。

如果记忆力还像以前一样，那么我一天之内的交易次数还会更多吧。

但是，记忆力的衰退是随着年龄增长而不可避免的。为了弥补这一点，我也会认真地做笔记。

因为通过记笔记并反省每一笔交易，可以让身体记住这些信息。不要因为"记忆力衰退"而感到沮丧。如果沮丧有用，我也不会拦着你。但事实并不是这样的，我们只能通过自己能做到的事情来弥补。

但是，我并不认为随着年龄的增长，判断力也会衰退。如果判断力真的衰退了，那么在需要瞬间判断的日间交易中，我就不可能一直赢下去。我认为，许多认为自己"能力衰退"的老年人，可能是因为平时没有使用大脑。

对于那些一直工作到 60 岁、65 岁的老人来说，一旦退休便不怎么动脑，大脑机能便会一下子衰退。

年轻人即使有一段时间不太动脑，只要启动一下，大脑就会被激活，但随着年龄的增长，大脑不可能那么快地被激活。因此，持续动脑是非常重要的。

像我这样，一整天都在全速运转大脑，对瞬间的价格变动做出反应，判断力就不会轻易衰退。

我有一位年过古稀才开始炒股的朋友。因为他住在附近，我俩碰巧认识了，所以我开始教他炒股。现在他也经常来我家，一边谈论各种事情，一边进行股票交易。

他开始炒股的时间较晚，所以在刚开始的时候很难赚钱，有时候还要贴上自己的退休金。但是，他没有放弃，在坚持了 5 年、10 年后，慢慢地开始能够赚一些了。

他现在已经八十多岁了，但他是个出色的投资者。有人会说"我已经老了"，我想这只是逃避的借口。

"饮食"与"宠物"治愈疲劳

我不会在交易时因为累了就做一些不必要的动作，比如伸展手臂或者扭动腰部。

对于我来说，日间交易是不容有失的。因此，我决定在交易时间内不做任何与股票无关的事情。

所以，我会在交易以外的时间散步来保持体力。

从早上 9 点到中午 11 点半的早盘，以及从中午 12 点半到下午 3 点的晚盘，我都坐在电脑前目不转睛地盯着屏幕，自然会感到疲劳。

在交易繁忙的日子里，有时甚至脑子都转不动了。即使是年轻人，如果像我一样在凌晨 2 点起床，整天坐在电脑前操作股票，也会觉得"累死了"。但是，人一旦下定决心，就能做成很多事情。

交易时间内要坚持，再坚持。但收盘后就不要勉强自己，休息也是很重要的。如果觉得累了，我有时会在下午 5 点左右睡觉。然后，第二天凌晨 2 点开始重新振作精神努力工作。

我并没有过着多么奢侈的生活。如果亲眼见到我，你会发现我并不是住在豪宅里，也没有穿什么名牌衣服。相反，我的衣服常年不会更换，都看得出使用痕迹。

如果想的话，我也买得起数亿日元的豪宅。虽然现在的公寓不是很大，但我觉得已经足够了。

我最喜欢的帽子是大约 15 年前花几千日元买的。它已经破旧不堪，我妻子会帮我用线缝补破洞，我觉得这样挺好的。

不追求奢华的生活，而是一直戴着大约 15 年前买的帽子，
缝缝补补地继续使用

如果说我有什么特别的喜好，那就是想吃好吃的东西。我喜欢鱼和水果。

我什么水果都吃。通常都是我妻子去买，偶尔我也会坐电车去吃鳗鱼。我也会订购一些食物，比如伊势龙虾和河豚，还会配一瓶啤酒。偶尔会喝一点葡萄酒。我喜欢甜一点的葡萄酒。

我还有一只很治愈的宠物。它是一只鹦鹉，名叫小 P。因为我曾经经营过宠物店，所以我非常喜欢动物，也有信心照顾它们。

我的爱宠——第七代鹦鹉小 P，它站在我头上，我吃着乌冬面午餐

虽然我也想养狗，但在公寓里养狗比较困难。

我大致能听懂小 P 的话，比如"我饿了"或者"我想从笼子里出来"，它会向我表达这些需求。

午餐我会和小 P 一起吃。小 P 也很懂我，所以当早盘结束吃午餐时，它会说："快点把我从笼子里放出来。"

小 P 是家里的第七代鹦鹉。七代鹦鹉的名字都是小 P。现在的小 P 是在它两周大的时候从家居中心买的。

小 P 也知道我明白它想要表达什么，所以它很喜欢我。它从笼子里出来后就会飞向我，停在我的肩膀或头上。

当然也有专门为小 P 准备的食物，但它总是喜欢吃我正在吃的东西。对于我来说，小 P 就像我的孩子。

"想要赚钱"的你，做好准备了吗

之前在证券公司的交易大厅买卖股票时，也有一些熟悉的投资者，但是自从网上交易普及后，几乎没有频繁见面的投资者伙伴了。现在，没有别人的信息可以作为参考。

日经 CNBC 的主播和分析师也会说一些看似很有道理的话，但如果他们的预测全部都正确，现在应该已经赚得盆满钵满了。正因为做不到这一点，他们才成为主播和分析师。因此，就我个人来说，我并不相信他们。

我偶尔也会觉得他们说的话"有点东西"。

归根结底，能相信的只有自己。如果相信证券公司的人的话，按照他们所说的去买股票，自己又怎么会成长呢？

如果只是靠新手运气赚了钱，然后就此放弃股票投资的话就算了。这样的人不经大脑的思考就开始买卖股票，最终很可能会遭受巨大的损失。

在股票做空失败的时候，他们甚至不敢直视别人的眼睛。

我想有很多人"想轻松地通过股票赚钱"。但是，要我说，有这种想法的人最好不要轻易涉足股市。尤其是日间交易。

比起不经过自己的思考就去投资，我认为你最好还是找个地方，像大家一样上班就好了。即使不太动脑筋，每个月也能领到固定的薪水。

股票投资绝不轻松。无论你怎么学习，也不可能一直成功。就连我也经常判断出错。

即使我有着近 70 年的丰富的经验，"价格朝着意料之外的方向变动"也是常有的事。

西班牙语中有一个词叫"sol y sombra"，意思是"光与影"。据说在西班牙的斗牛场，有阳光的座位和阴凉的座位正好各占一半，象征着生与死、光与影。

股票也是一样的。如果你真的投入其中，光和影一定会出现。光越强烈，影也就越深。

2002 年我开始网上交易后不久，曾经有幸参加了每日放送（MBS）的关西地区节目"Chichin Pui Pui"，这是一个现在已经停播的信息节目。

当时，一位作为嘉宾出场的考古学者对我说："不要试图通过不劳而获来赚钱，好好工作吧。"即使是现在，也有很多日本人对股票持有"与赌博无异""危险""轻轻松松就可以赚钱"等先入为主的观念，当时更是如此。

但我不认可"不劳而获"这个说法。我认为自己在为这份收入付出相应的努力，并不是因为头脑聪明就能轻松赚钱。在日本，论头脑的话，我认为孙正义先生和村上世彰先生是特别聪明的，但他们也有犯错的时候。

无论是从东京大学毕业还是从美国的大学毕业，这些都无关紧要。

刚开始炒股时，可能会偶然赢一点小钱。因为股票"不是涨就是跌"，所以从某种意义上来说，它确实有一半是靠运气的。即使完全不下功夫，有时也会赢。

但是，如果你一开始就总是赢，那也不好。很多人因为赢了，就得意忘形，投入大量资金，结果面临破产。

不过，如果你不懈怠地学习股票，你将很有可能赢过那些聪明人。例如，你和他们进入了同一家公司，只要你肯努力，你的晋升速度也可以远远超过他们。

然而，投资的世界与"能否做好工作"是不同次元的存在。

茂先生珍藏的市场格言⑧

『投机大师爱孤独』
——一个人也可以享受炒股

　　这句格言的意思是，越是能够提高收益的投资者，越不会受他人言论的影响，一个人也可以进行投资。在可以轻松获得信息、建立人脉的互联网时代，那些信息和人脉真的有意义吗？凭借自己的力量与股票市场决战到底，才能用自己的头脑去思考。

专栏⑤

投资前辈沃伦·巴菲特与我

在本书中，我多次提到了被誉为"投资之神"的沃伦·巴菲特。虽然与巴菲特相比我可能有些不自量力，但我认为我们之间有一些共同点。

有一点就是我们都年纪不小了（笑）。巴菲特出生于 1930 年，比我大 6 岁。既然他还在积极工作，我也没有理由拿年龄当借口。

在投资风格上，我们都是买那些"能够理解业务内容""长期业绩预期良好""价格便宜"的企业股票。

我认为，长期不退出股市的投资者，最终会形成一种自己的投资风格，而且这种风格往往会与他人相似。

另外，我们都认为金钱是次要的。不把钱花在没有意义的东西上，并且不自欺欺人。

2023 年 4 月，巴菲特在一次采访中这样说。

"如果有人告诉我，'如果你不吃你喜欢吃的，而只吃西兰花和其他几种食物，你的寿命可以延长一年'，我会说，'我宁愿不活那多余的一年，也要吃我想吃的东西'。我认为，是否感到幸福对寿命的影响是很显著的。当我吃热狗或巧克力冰激凌，喝可乐时，我感到幸福。"

也会有人建议我说"是不是该退休了""是不是该考虑一下自己的身体",我只认为他们在多管闲事。

我很享受现在这样的生活。比起只关注健康,不能做自己喜欢的事情而过着压抑的生活,我认为做自己喜欢的事情并享受生活才是美好的人生。

当然,我和巴菲特也有很多不同。我们出生的环境就有很大的不同。我出生在一个贫穷的农村家庭,而巴菲特的父亲经营着一家证券公司,还曾当选为下议院议员,巴菲特来自一个富裕的家庭。

股票投资需要本金,在这方面我非常羡慕他。如果我有巴菲特那么多的本金,我现在的资产不知会增长多少。

但是,羡慕也没用。与其把精力浪费在羡慕别人上,不如多动用自己的头脑和身体。人生是可以靠自己的力量去开拓的。

我们的投资方法也有所不同。我主要是进行日间交易,而巴菲特进行的基本是长期投资。此外,我在日间交易中持有约 80 股,长期持有的股票约有 20 股。但巴菲特基本上会直接收购优秀企业,或者大量购买股票,进行集中投资。

但是,从投资和人生的本质上来说,我认为这些差异都是微不足道的。买好公司的股票、享受股票交易、享受人生，我认为我的一生归根结底就是这些。

看到这样的我，有人会说"我做不到""只有你才能做到"。但是，我和你到底有什么不同呢？

我也经历过地震、重病、泡沫经济崩溃后财产大幅减少等不幸的事。

为自己的不作为找借口很简单。但我认为，如果真的想做，就没有任何理由可以阻挡。

巴菲特在 77 岁时，创造了 100 亿美元的资产。听到这样的故事，我想"我也必须努力"。如果你们也能找到"激励自己努力"的榜样，也许你们会对生活更有干劲。

如果你们觉得"藤本茂这个 87 岁的老爷爷能做到，那么我也能做到"，我会很高兴。

我会为大家加油的。

结语

我喜欢股票

你可能会注意到，本书中很少出现"通过这只股票赚了多少钱""通过这只股票赢了多少钱"等在股票投资书中常见的说法。

老实说，我已经忘记了。最初买的股票已经是将近 70年前的事情了，忘了也正常，但即使是稍早一点的事情我也记不得了。

如果是 2002 年以后的交易，我可以用笔记本记录下赢了多少、输了多少，但回顾这些并没有意义。

重复进行日间交易，赢了资产就会增加，输了就会减少。仅此而已。

资产的增加或减少只是结果，我并没有太在意资产的多少。而且，一旦交易结束，那就成了过去的事情。虽然有必要与下一笔交易联系起来，但我不会特别纠结于这笔交易的结果。

有些人可能会想："如果已经87岁并拥有18亿日元的资产，只靠分红不就足够生活了吗？"

我并不是因为看重分红而进行投资的，平均来说分红收益率还不到2%，但如果换成高分红股票，将分红收益率提高到3%左右，年分红收入就可以达到5 100万日元。

有这么多收入，即使是奢侈一点，也足够生活了。

但是，我从事股票投资，与其说是为了赚钱，不如说是为了开心。我拥有的资产也几乎都用于投资，所以我实际上并不持有这么多现金。

因此，无论我拥有1亿日元还是100亿日元的资产，生活水平和行事风格都不会改变。

如果只是为了钱，我就不会进行日间交易，而是购买高分红股票，靠着分红过上悠闲的生活。

但是，即使过上那样的生活，我也不会开心快乐。即使到了我这个年龄，承担着风险进行日间交易也很有趣。

从金额上来说，18亿日元是小数目。巴菲特拥有14万亿日元的资产，远超我好几个数量级。所以，我一点也不觉得"这样就足够了"。我还想把资产增长四倍。

我目前的目标是至少再赚四五亿日元，我认为这不是不可能的数字。

　　这与年龄无关。当然，随着年龄的增长，有些事情可能变得力不从心。现在让我靠体力劳动来增加资产是很困难的。但是，动脑筋能做的事情，无论多大年纪都是可能的。

　　即使记忆力有所下降，但随着交易量的增加，经验也会增加，这些经验无疑会化作自己血肉的一部分。无论头脑里怎么想，付诸实践时总会有所不同。不去实践就毫无意义。

　　我只是高中学历，没有上过大学，但无论多么年轻、多么聪明的人，可能都敌不过我。巴菲特比我大 6 岁，应该没法每天都进行日间交易吧。

　　也许有人觉得我"可以退休了"，但我从事股票投资，正如我多次说的，纯粹是因为我享受投资股票的乐趣。

　　投资股票要动脑筋，所以我认为这也有助于预防阿尔茨海默病。开心，能预防阿尔茨海默病，还能赚钱。还有比这更好的事情吗？

　　我决定，我要继续投资股票直到我咽气。我是一个"终身工作"的投资者。

　　最后，我还是要说一下，最终做出的投资判断，请自行负责。

藤本茂

2023 年 10 月

推荐阅读

序号	中文书名	定价
1	股市趋势技术分析（原书第11版）	198.00
2	沃伦·巴菲特：终极金钱心智	79.00
3	超越巴菲特的伯克希尔：股神企业帝国的过去与未来	119.00
4	不为人知的金融怪杰	108.00
5	比尔·米勒投资之道	80.00
6	巴菲特的嘉年华：伯克希尔股东大会的故事	79.00
7	巴菲特之道（原书第3版）（典藏版）	79.00
8	短线交易秘诀（典藏版）	80.00
9	巴菲特的伯克希尔崛起：从1亿到10亿美金的历程	79.00
10	巴菲特的投资组合（典藏版）	59.00
11	短线狙击手：高胜率短线交易秘诀	79.00
12	格雷厄姆成长股投资策略	69.00
13	行为投资原则	69.00
14	趋势跟踪（原书第5版）	159.00
15	格雷厄姆精选集：演说、文章及纽约金融学院讲义实录	69.00
16	与天为敌：一部人类风险探索史（典藏版）	89.00
17	漫步华尔街（原书第13版）	99.00
18	大钱细思：优秀投资者如何思考和决断	89.00
19	投资策略实战分析（原书第4版·典藏版）	159.00
20	巴菲特的第一桶金	79.00
21	成长股获利之道	89.00
22	交易心理分析2.0：从交易训练到流程设计	99.00
23	金融交易圣经II：交易心智修炼	49.00
24	经典技术分析（原书第3版）（下）	89.00
25	经典技术分析（原书第3版）（上）	89.00
26	大熊市启示录：百年金融史中的超级恐慌与机会（原书第4版）	80.00
27	敢于梦想：Tiger21创始人写给创业者的40堂必修课	79.00
28	行为金融与投资心理学（原书第7版）	79.00
29	蜡烛图方法：从入门到精通（原书第2版）	60.00
30	期货狙击手：交易赢家的21周操盘手记	80.00
31	投资交易心理分析（典藏版）	69.00
32	有效资产管理（典藏版）	59.00
33	客户的游艇在哪里：华尔街奇谈（典藏版）	39.00
34	跨市场交易策略（典藏版）	69.00
35	对冲基金怪杰（典藏版）	80.00
36	专业投机原理（典藏版）	99.00
37	价值投资的秘密：小投资者战胜基金经理的长线方法	49.00
38	投资思想史（典藏版）	99.00
39	金融交易圣经：发现你的赚钱天才	69.00
40	证券混沌操作法：股票、期货及外汇交易的低风险获利指南（典藏版）	59.00
41	通向成功的交易心理学	79.00

社会经济观察

分类	书号	书名	作者	定价
大前研一作品	978-7-111-76218-8	银发经济学：老龄时代的商业机会	[日]大前研一	59.00
	978-7-111-60125-8	低欲望社会：人口老龄化的经济危机与破解之道	[日]大前研一	49.00
日本经济史	978-7-111-76228-7	日本央行的光与影：央行与失去的三十年	[日]河浪武史	59.00
	978-7-111-74125-1	汇率下跌之后：日元贬值的宏观经济启示	[日]唐镰大辅	59.00
	978-7-111-69815-9	失去的三十年：平成日本经济史	[日]野口悠纪雄	59.00
	978-7-111-69582-0	失去的二十年（十周年珍藏版）	[日]池田信夫	69.00
	978-7-111-71222-0	失去的制造业：日本制造业的败北（珍藏版）	[日]汤之上隆	69.00